A PESSOA CERTA É VOCÊ

SHELEANA AIYANA

A PESSOA CERTA É VOCÊ

CURE SEU PASSADO, TRANSFORME
SEUS PADRÕES DE RELACIONAMENTO
E SE ENCONTRE

Tradução
GUILHERME MIRANDA

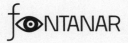

Copyright © 2022 by Sheleana Aiyana

O selo Fontanar foi licenciado para a Editora Schwarcz S.A.

Grafia atualizada segundo o Acordo Ortográfico da Língua Portuguesa de 1990, que entrou em vigor no Brasil em 2009.

TÍTULO ORIGINAL Becoming the One: Heal Your Past, Transform Your Relationship Patterns, and Come Home to Yourself
CAPA Kalany Ballardin | Foresti Design
PREPARAÇÃO Silvia Massimini Felix
REVISÃO Carmen T. S. Costa e Marise Leal

Dados Internacionais de Catalogação na Publicação (CIP)
(Câmara Brasileira do Livro, SP, Brasil)

Beck, Martha
 A pessoa certa é você : Cure seu passado, transforme seus padrões de relacionamento e se encontre / Sheleana Aiyana ; tradução Guilherme Miranda. — 1ª ed. — São Paulo : Fontanar, 2023.

 Becoming the One : Heal Your Past, Transform Your Relationship Patterns, and Come Home to Yourself.
 ISBN 978-65-84954-13-7

 1. Amor-próprio 2. Autoconsciência 3. Consciência 4. Relações interpessoais 5. Vida espiritual I. Título.

22-140392   CDD-155.2

Índice para catálogo sistemático:
1. Psicologia individual 155.2

Inajara Pires de Souza – Bibliotecária – CRB-PR-001652/O

Todos os direitos desta edição reservados à
EDITORA SCHWARCZ S.A.
Rua Bandeira Paulista, 702, cj. 32
04532-002 — São Paulo — SP
Telefone: (11) 3707-3500
facebook.com/Fontanar.br
instagram.com/editorafontanar

Mãe, nossas almas decidiram se unir para atingir uma cura mais profunda. Obrigada por me dar o presente da vida e as experiências de que eu precisava para poder ajudar os outros. Por me ensinar generosidade e alegria, e por celebrar meu caminho de cura. Te amo.

Sumário

Introdução 9

PARTE UM: RECUPERE SUA RELAÇÃO COM VOCÊ MESMO
1. A jornada de cura 21
2. Tudo começa com você 40
3. Reencontrando a sabedoria do corpo 55
4. Conecte-se com a sua criança interior 82

PARTE DOIS: CURE O SEU PASSADO
5. Curando a ferida de abandono 103
6. Mãe divina e energia paterna 124
7. Perdão e aceitação 151

PARTE TRÊS: EXPLORE SEUS PADRÕES DE RELACIONAMENTO
8. Entendendo projeções 167
9. Transforme seus padrões de relacionamento ... 184
10. Autoconsciência compreensiva 207
11. Sinais vermelhos, sinais verdes 225

PARTE QUATRO: REALINHE-SE COM A SUA VERDADE

12. Confie no seu corpo, imponha limites 249
13. Esclareça suas expectativas 276
14. Defina seus valores fundamentais 289

PARTE CINCO: TENHA O QUE DESEJA NO SEU RELACIONAMENTO

15. Criando uma relação consciente 305
16. Seu caminho para o amor autêntico 326

Agradecimentos 337
Leituras recomendadas 339

Introdução

As pessoas sempre me perguntam: "Qual é o seu conselho para encontrar a Pessoa Certa?". Algumas se decepcionam ao saber que não acredito na ideia típica de "Pessoa Certa". Isso acontece porque, embora eu ache de todo o coração que possamos sim encontrar um parceiro que se relacione conosco no nível da alma, a ideia de buscar a Pessoa Certa carrega uma forte mensagem limitante. E essa mensagem é que somos de certa forma incompletos sem outra pessoa.

Somos seres sociáveis; fomos feitos para estar em relacionamentos. No fundo do coração, todos queremos a experiência do amor verdadeiro, mas o relacionamento romântico não é o que nos define ou nos completa. É por isso que minha resposta para todos que estão em busca do amor é sempre *procurar dentro de si*. Lembrar-se de que você não está esperando a confirmação de outra pessoa para saber que é um ser completo.

Quando agimos marcados por feridas antigas ou buscamos uma completude fora de nós, podemos encarar os relacionamentos como se fossem uma atuação: nos apresentamos de uma forma que achamos que vai impressionar o outro ou alimentar o interesse dele. Mas não podemos conquistar o amor de alguém fingindo ser quem não somos. Nem é algo que devemos querer. Por outro lado, quando partimos de um lugar de valor e completude, nos tornamos a pessoa certa para nós mesmos.

Ao longo dos anos, milhares de pessoas corajosas e incríveis participaram de meu programa de relacionamento Becoming the One. Independentemente de estarem solteiras, em um relacionamento complicado ou passando por uma mágoa, qualquer que seja sua trajetória de vida, muitas delas perguntam: "O que estou fazendo de errado? Por que meus relacionamentos estão sempre terminando?".

A verdade é a seguinte: não existe nada de errado em você se estiver solteiro ou sentir que não consegue "se dar bem" no amor. Não há nada de errado com você se não tiver sido "escolhido".

Muitos de nós crescemos sendo alimentados por romances de contos de fadas. Eles estavam nos livros que líamos, nos filmes a que assistíamos, nas propagandas que víamos na televisão — estavam e ainda estão para onde quer que olhemos. Nos ensinaram que precisamos ser uma visão irreal de "perfeição" para sermos escolhidos, que em algum lugar lá fora há uma pessoa mágica vindo para nos buscar e salvar. Ao mesmo tempo, ouvimos estratégias como trocar mensagens e fazer joguinhos no namoro que nos ditam como devemos agir e quem devemos nos tornar para sermos mais atraentes.

Em algum ponto ao longo do caminho, nos dizem que, para ser amados, temos que nos doar por completo, ignorar nossas necessidades ou nos adaptar para nos encaixarmos nas expectativas dos outros. Somos constantemente bombardeados por discursos de que não somos o suficiente ou que talvez sejamos demais. Tudo se resume a uma cultura de *autoabandono* em nome de tentar encontrar e manter o amor.

Mas o amor saudável não exige que você se abandone ou se doe completamente. Não pede que mude sua personalidade ou esconda seus defeitos. Mas pede sim que se conheça no nível mais profundo, porque a verdade é que um relacionamento consciente não começa quando você encontra um parceiro. Começa quando você decide priorizar seu relacionamento consigo mesmo.

Este livro é sobre se conhecer. É um lembrete para retomar o comando do seu poder e reconhecer que o amor existe sob diferentes formas. Mas, no fundo, um relacionamento saudável consigo mesmo é o que alimenta todas as outras formas de amor que desejamos ter em nossa vida — amizades profundas, laços familiares fortes, paixão pelo trabalho e amor romântico.

Na vida, há muito pouco que podemos controlar fora de nós. Não temos como controlar o momento em que nossos parceiros chegam ou quanto tempo ficamos com eles. O trabalho é continuarmos bem em nossa própria pele, independentemente do que a vida nos traga — reivindicar o direito de ser radiante e forte dentro ou fora de uma relação.

A *pessoa certa é você* é um convite para recuperar as partes de si que você pode ter perdido ou das quais tenha se afastado. É uma jornada de trabalho interior para curar e desenvolver uma relação mais profunda com o próprio coração. Para descobrir o que é importante para você — seus valores, objetivos de relacionamento e sonhos — de maneira que consiga escolher o amor a partir de um lugar de autoconsciência e confiança.

TODOS TEMOS UMA HISTÓRIA

Meu primeiro condicionamento em relação ao amor foi coberto de traição, abandono e abuso. Passei a maior parte da minha infância com medo dos homens, nunca conheci meu pai e tinha uma mãe emocionalmente e, muitas vezes, fisicamente distante. Mais adiante na vida, eu me descobri atraída por pessoas que eram perigosas para mim. No entanto, mesmo quando os sinais de alerta estavam disparando, eu era condicionada demais ao caos para escolher outra coisa.

Aos vinte anos, já havia passado muito tempo anestesiando minha dor com drogas pesadas e álcool. Tinha presenciado diversas tentativas da minha mãe de tirar a própria vida, perdido muitas pessoas próximas para o suicídio e o homicídio e sofrido violência sexual, vício, falta de moradia e abuso doméstico. Minha história é parte de quem eu sou. Foi ela que me pôs nessa trajetória, e sei bem que é apenas uma gotícula no oceano de histórias daqueles que sofreram e continuam a sofrer mas que nunca terão as oportunidades que tive de me curar e me recuperar.

Gostaria de reconhecer que a cura é uma dádiva e um privilégio que nem todos possuem, e tenho esperança de que cada pessoa que se cure encontre sua forma de retribuir prestando um serviço às outras. Ao nos curarmos, podemos contribuir com mudanças profundas neste mundo.

Minha própria jornada de cura só começou de verdade quando eu tinha 26 anos, catalisada por um divórcio e a demolição das minhas muralhas e defesas criadas com tanto cuidado. Na época, conheci um professor espiritual com quem entrei em uma jornada de tantra, alquimia, trabalho da sombra junguiana e relação consciente, e mais adiante me tornei sua aprendiz. Experimentei muitas medicinas naturais, incluindo rapé, kambô, sananga e psicodélicos como DMT e psilocibina e, mais adiante, encontrei meu caminho para a ayahuasca. Rezei, escrevi poesia e me dediquei à minha cura. Eu me mantive intencionalmente focada em minha relação comigo mesma e ignorei muitos convites de gente que parecia interessante para me concentrar em meu trabalho interior.

Desde então, passei milhares de horas em estudo individual e treinamento em relacionamento consciente, facilitação de casais, constelação familiar, trauma familiar herdado e cura somática. Foi graças à minha experiência chegando ao fundo do poço e me curando de meus padrões de relacionamento que fundei a Rising Woman, uma comunidade on-line em que minha equipe e eu oferecemos instruções de relacionamento consciente e autocura para milhões de pessoas todos os meses.

Depois de anos dirigindo a Rising Woman e guiando pessoas através de meus programas de relacionamento, notei que muitos ficam presos em um dilema clássico: podemos logicamente conhecer uma pessoa que não é certa para nós, mas ainda nos vemos sempre correndo atrás dela e do mesmo tipo de parceiro.

Se você cresceu em uma família que dava o exemplo de amor e comunicação saudável, você é a exceção, não a regra. A maioria de nós está aprendendo ao longo do caminho, à mercê do nosso condicionamento, repetindo padrões que, no fundo, nos deixam exaustos, amargos, frustrados ou temerosos de que o amor não seja para nós.

Embora nossa cultura se fixe na ideia de romper ou nos livrar de padrões, acredito que a verdadeira mudança começa quando *integramos e aceitamos* as partes de nós que mantemos escondidas, negadas ou rejeitadas. Ao trazer nossos padrões para a consciência e entender qual é a origem deles em nossa história pessoal, podemos fazer o trabalho de transformá-los de maneira consciente.

Para criar o amor que queremos, é necessário abrir espaço a fim de que uma nova história surja. Também temos de acreditar que merecemos mais. Mais do que isso, nosso corpo precisa internalizar a verdade de que somos *capazes* de criar relacionamentos saudáveis, não importa o que vivenciamos ou testemunhamos em nossas vidas.

Quando estamos agindo com base no condicionamento do passado, não conseguimos ver nossos padrões com clareza. Estamos em uma rodinha de hamster, buscando o amor e o cuidado indisponíveis, e ao mesmo tempo tentando salvar as pessoas de si mesmas. Pode ser que nosso relacionamento dure apenas alguns meses porque nosso parceiro parece entediado, some ou encontra outra pessoa de quem gosta mais. Pode ser que fiquemos mais tempo do que deveríamos e suportemos coisas demais. Pode ser que nos doemos demais, ou que tenhamos dificuldade para nos mostrar de maneira autêntica assim que começamos a desenvolver sentimentos por alguém, ao mesmo tempo que abandonamos a pessoa que mais precisa de nós — nós mesmos.

Se você continua deparando com os mesmos obstáculos em relacionamentos, isso não é um sinal de que você é um caso perdido. **É sinal de que, em algum lugar ao longo do caminho, você aprendeu a se sacrificar para ser amado.**

Embora esse seja um padrão doloroso e muitas vezes frustrante, também é sinal de que você não desistiu do amor, e que, no fundo, parte de você sabe que pode sim ter o que deseja.

Muitos não sabem que, quando nos sacrificamos ou mudamos quem somos para sermos amados, abrimos mão de nosso poder na relação. Esquecemos que, em vez de lutar para sermos escolhidos, *nós* temos o poder de escolher.

Neste livro, você vai aprender a fazer as pazes com o seu passado e curar os seus padrões de relacionamento para que consiga se expressar plenamente e honrar as escolhas que faz nas relações, consigo mesmo e com os outros.

UM CHAMADO PARA A MUDANÇA

O trabalho de cura começa no momento em que decidimos que nunca mais queremos voltar a como as coisas estão. Para alguns de nós, esse momento chega quando atingimos nosso ponto mais baixo e não há nada em que nos segurar. Para outros, vem quando reconhecemos que não podemos mais viver por outra pessoa porque, ao fazer isso, perdemos a conexão vital com quem somos e o que nossa alma deseja. Esses momentos difíceis, por mais dolorosos que sejam, podem ser o catalisador de uma mudança real.

Há muita medicina espiritual nas experiências transicionais. Antes que possamos renunciar a um capítulo antigo de nossas vidas, devemos abrir caminho para uma morte metafórica. Isso implica mergulhar fundo no que restou para ser sentido e, então, entregar-se ao que quiser vir, permitindo que a transformação real aconteça. **Estar em um lugar de mágoa, decepção ou derrota pode ser uma dádiva, porque é nesses momentos que estamos mais abertos à mudança.**

É uma oportunidade de *se abrir*. De reconhecer o que não está funcionando e mudar de direção.

Você não tem como voltar no tempo e mudar o que aconteceu ou impedir suas experiências mais dolorosas do passado. Mas a boa notícia é que a sua cura não depende de ninguém além de você. Você não precisa se prender ao passado. Pode escolher um caminho diferente para seguir em frente.

O CAMINHO PARA SE TORNAR A PESSOA CERTA PARA VOCÊ

Neste livro, você terá a oportunidade de explorar seu condicionamento, desafiar suas visões sobre o amor e esclarecer os seus desejos. Para que consiga escolher conscientemente o que *você* quer no amor e na vida. Você vai aprender a curar sua criança interior a fim de cultivar a autoestima e a consciência interna. Ao impor seus limites e valores fundamentais, você verá que se manter firme, falar o que pensa e se mostrar de maneira autêntica ajuda as pessoas a amarem você de um jeito melhor. Também vai desenvolver as ferramentas para se reconectar com seu corpo e sua intuição, ao mesmo tempo que nutre uma relação com a natureza e o espírito. Vou apresentar meditações e exercícios somáticos simples, mas potentes, que você pode usar para se tranquilizar e expandir sua capacidade de navegar pelas ondas emocionais sem se apegar a algo externo ou se perder no processo.

Juntos, vamos aprender a incorporar as qualidades e o amor que podemos estar buscando nos outros — ou no parceiro perfeito — e nos tornar a pessoa certa para nós mesmos. Esse é o primeiro grande passo para criar ou atrair uma relação consciente e saudável.

Não podemos criar uma relação significativa com um parceiro se não temos uma conosco. Não podemos dar espaço para outra pessoa se não soubermos lidar com nossas grandes emoções. Se estamos programados para nos atrair por sinais de alerta, ou se não sabemos como receber amor a menos que estejamos nos esforçando muito ou nos abandonando a troco dele, não iremos atrair verdadeiramente um parceiro consciente. Para nos preparar para uma relação consciente, precisamos purificar nosso coração e nossa mente de tudo que poderia sabotar nossas chances de cocriar um amor saudável.

Relacionamentos devem ser um espaço para crescermos, para nos curarmos e nos divertirmos — mas não podem ser tudo para nós. Você não se define por seu status de relacionamento nem por seus fracassos em relações passadas. Todo parceiro que você já teve carrega o potencial de ser um professor para você. Mas, para entender a mensagem, você deve se libertar da culpa e da vergonha, e aceitar as coisas como elas são.

Você merece ser livre e se sentir bem consigo, saber seu valor e pedir o que deseja em uma relação. Não basta apenas entender logicamente "conceitos" de relacionamento consciente; você precisa encarná-los. **Sua relação consigo mesmo é a base segura e amorosa a partir da qual você pode dar e receber amor.**

Não faça esse trabalho por ninguém mais. Faça-o por você. Assim, mesmo se sua antiga vida morrer, uma relação terminar e tudo desabar, você pode confiar que está em segurança, acolhido e conectado com o amor divino que reside em todos nós.

Ao longo deste livro, compartilho muitas histórias pessoais de meus relacionamentos da infância e da vida adulta. Minha jornada foi cheia de dor e perda, mas, ao longo dessas experiências, encontrei meu caminho rumo a um amor-próprio livre, à paz e a um amor vasto e vulnerável com meu parceiro. Antes que eu pudesse estar pronta para o casamento em que estou agora com meu marido, Ben, precisei destrinchar muitas coisas do meu passado. Neste livro, compartilho com vocês o processo de cura e as ferramentas que aprendi ao longo do caminho, que inspiraram os programas por trás da Rising Woman.

Também incluí histórias de clientes que mostram como nosso passado pode nos afetar e o que é possível quando encontramos a cura. Nomes e detalhes sutis foram alterados para manter sua privacidade e confidencialidade. Pode ser profundamente curativo se ver nas histórias de outras pessoas. É um lembrete de que nunca estamos sozinhos no que quer que estejamos enfrentando.

Embora eu costume trabalhar com mulheres, meu trabalho não é específico a gêneros e pode se aplicar a qualquer pessoa que se envolva em uma relação com outro ser humano, independentemente de orientação sexual ou identidade de gênero. Onde quer que você esteja em sua vida — não importa se está solteiro, em um relacionamento, passando por um término ou em um ciclo doloroso de encontros —, os ensinamentos que irá aprender aqui vão além de um parceiro ou status de relacionamento em particular.

Se estiver em um relacionamento, vai achar essas práticas igualmente benéficas e esclarecedoras, e pode usar os ensinamentos deste livro para adquirir clareza sobre o que quer e como se mostrar de maneira mais forte em relação a seu par. Se estiver em uma relação que não sabe bem se é certa para você, este livro vai ajudá-lo a encontrar um caminho a percorrer que se baseie em autodevoção.

Quero que você saiba que pode ter tudo que seu coração e sua alma desejem. Nunca é tarde demais. Minha prece para você é que encontre essa conexão sagrada consigo mesmo, com a natureza e com a sabedoria do seu coração. Quando você chegar a esse lugar, vai se lembrar com todas as células do seu ser que é e sempre foi capaz e digno de criar um amor ancorado em reverência e verdade.

PARTE UM

**RECUPERE SUA RELAÇÃO
COM VOCÊ MESMO**

Lar não é outra pessoa ou um lugar fora de você. Lar é o amor que você tem dentro de si. É a lembrança de que você já é completo. Sim, mesmo com suas feridas. Mesmo com as cicatrizes de seu passado. Você não precisa buscar o amor; precisa lembrar o amor que você é.

1. A jornada de cura

Quando eu tinha três anos, minha mãe tinha apenas 25. Morávamos em um apartamento no subsolo de uma rua sem saída no limite de um bairro de baixa renda. Ele tinha dois quartos e um banheiro com paredes brancas e pisos de vinil creme e marrom na cozinha, como muitos lugares nos anos 1980 e 1990. Minha mãe colecionava estátuas de anjo de vidro e quadros de unicórnios e plantas, as quais tomavam todas as áreas de casa, do chão até o teto (eu me orgulho por ter herdado seu jeito com as plantas). Ela era uma sobrevivente de abusos horríveis na infância, e sua história era marcada por abuso físico e sexual, traição, abandono e negligência. Por causa disso, ela sofria muito com depressão e um transtorno de estresse pós-traumático complexo (TEPT-C) não diagnosticado.

Minha mãe tinha o hábito de dormir durante o dia e sair à noite para beber, me deixando sozinha em casa com minha imaginação. Ao voltar para casa bêbada e enjoada, ela se deitava no chão do banheiro para dormir e eu a cobria com uma manta. Às vezes, levava uma bandeja com pasta de dente, escova e toalha de rosto, me esforçando ao máximo para cuidar dela quando estava de ressaca. Tinha dias em que ela voltava para casa em um acesso de fúria. Gritava e socava as paredes, derrubando nossas fotos no chão. Lembro-me de ficar sentada no corredor, chorando, cercada por confusão e cacos de vidro com um porta-retrato no colo.

Também compartilhei muitos momentos bonitos com minha mãe. Como ela era muito infantil emocionalmente, sabia bem como brincar e se divertir. Fazíamos concursos de bola de chiclete e brincávamos de nos enfeitar ou armávamos piqueniques no quintal. Apesar do caos e da falta de acolhimento emocional, minha mãe era tudo para mim, e eu a amava profundamente. Como nunca conheci meu pai, criamos uma pequena bolha de duas pessoas, um mundo só nosso. À noite, eu costumava sair da cama e me deitar na dela, abraçando-a com força.

Nunca vou me esquecer de uma noite em particular, uma noite que mudaria toda a minha vida e alteraria para sempre o sentido de segurança e amor para mim. Minha mãe havia me encapotado toda e me colocado no banco da frente do carro. Viajamos pelo que pareceu muito tempo até chegarmos a uma grande casa branca e estacionarmos na garagem. Minha mãe deixou o motor ligado enquanto me carregava até o batente, onde um homem e uma mulher que eu nunca tinha visto na vida atenderam a porta. Depois de me deixar nos braços deles, ela deu as costas e voltou para o carro. Esperneei e me debati, gritando "Mamãe!" até ela desaparecer na luz enevoada dos faróis, dando ré no velho Chevette cinza e dirigindo para longe noite adentro. Magoada, sozinha e com medo, fiquei com esse momento gravado em minha psique. Esse instante foi a origem da minha ferida de abandono. Foi o momento em que meu mundo mudou.

Por causa disso, entrei nos meus relacionamentos adultos programada para ignorar sinais de alerta. Eu me vi em uma série de relações nada saudáveis que refletiam o caos que havia dilacerado minha infância. Corri atrás de amor indisponível e me atraí por pessoas que eram, de algum jeito, inseguras para amar.

A HISTÓRIA SE REPETE

Eu tinha 26 anos e estava havia um ano em um casamento infeliz com uma pessoa que era um reflexo da minha ferida interna. Nos casamos porque éramos de países diferentes (sou canadense, ele era americano) e as fronteiras estavam ameaçando nos pôr na lista negra a menos que parássemos de viajar de um lado para o outro. A decisão foi tomada com muita hesitação. Não houve romantismo nenhum. Relembrando, não estávamos apaixonados de verdade; éramos apenas dois jovens sofrendo em nosso relacionamento e nos apegando a algo que tínhamos medo demais de deixar para trás. Agora é fácil ver que nós dois carregávamos feridas profundas da infância e tínhamos sido profundamente afetados pelas nossas mães, e foi nesse ponto que nos identificamos um com o outro.

Toda a nossa relação foi disfuncional. Vivíamos brigando, tínhamos muito pouca química ou atração sexual e desempenhávamos papéis que nos mantinham presos. Ele era o subfuncional que vivia deprimido e cheio de inseguranças, e eu a superfuncional que "sabia tudo" e conseguia dar conta do que quer que fosse sozinha.

Com o passar do tempo, fui me sentindo cada vez mais sufocada, e não conseguia me livrar da sensação de que estava vivendo a vida errada. Fantasias sobre terminar a relação ocupavam um bocado de espaço na minha cabeça, mas minha arrogância e vaidade me mantinham lá. Eu acreditava que ele precisava de mim. Ele vivia paralisado pela ansiedade, e eu estava convencida de que cabia a mim apresentar as soluções. Eu o pegava roubando e mentindo, mas vivia ignorando minha intuição e permitia que o incômodo crescesse em meu corpo. Tínhamos uma empresa juntos, mas ele passava quase todos os dias dormindo até tarde ou sentado diante do computador no porão. Ele reclamava que queria mais aventura, mas não tínhamos como bancar, e eu sentia a pressão interna de ganhar mais dinheiro para dar o que ele queria. Assumi o fardo de provedora única e cedi espaço demais para ele. Nós alimentávamos um ciclo recorrente, que acabaria sendo o que daria fim à nossa relação.

Depois de anos de esforço para criar alguma química e concluindo que as coisas precisavam mudar, decidimos abrir a relação como uma última tentativa para ver se talvez, quem sabe, conseguiríamos fazer as coisas funcionarem e encontrar a paixão e o amor que nós dois queríamos. Comprei uma passagem para que ele visitasse os amigos nos Estados Unidos e, enquanto esteve fora, ele acabou conhecendo uma pessoa com quem saiu por um tempo. De maneira surpreendente — ou talvez não, considerando como eu me sentia distante dele e da nossa união —, não tive nenhum ciúme. Em vez disso, fiquei aliviada. A pressão diminuiu e senti que conseguia respirar de novo. Eu podia estar comigo mesma, longe da tensão da responsabilidade de garantir que ele estava sendo cuidado.

Em uma noite, deitada na cama com a lua entrando pelas persianas, olhei para o teto e desejei que ele se apaixonasse por outra pessoa para que eu não tivesse que sentir a culpa de magoá-lo. Assim, alguém cuidaria dele e eu poderia ficar livre. A ideia de ficar sozinha me pareceu libertadora e emocionante! Eu não queria mais viver aquele tipo de vida, sufocada a todo momento.

Meu desejo se tornou realidade: poucos meses depois, ele desenvolveu uma conexão rápida e apaixonada com uma mulher que conhecíamos, e assim foi. Ele sumiu. Eles viviam todos os momentos juntos. Ele passava em casa para pegar algumas coisas e depois saía de novo. E, embora eu tivesse pedido por isso, aquela garotinha dentro de mim começou a se sentir abandonada, ciumenta e apavorada. De repente, eu não estava mais tranquila com a situação. Todas aquelas noites desejando que ele fosse embora e me sentindo confinada desapareceram da minha memória, e fui dominada por um pânico e uma urgência de reconquistá-lo. Eu me abandonei e me perdi, correndo atrás dele desesperadamente e piorando a situação até não ter como voltar atrás.

Depois de meses de caos e uma discussão explosiva, ele chegou em casa num dia quente de verão para encaixotar as coisas pela última vez enquanto sua namorada esperava do lado de fora em uma SUV vermelha. Eu o segui pela casa, gritando, enquanto ele enfiava seus pertences em sacolas e saía em disparada pela porta. Eu o segui pela rua descalça e gritei para eles nunca mais voltarem enquanto ele entrava no carro e os dois partiam em alta velocidade. Parada ali sozinha no meio da rua cercada de árvores, fui dominada pela emoção e pelo medo. Ele estava abandonando nossa vida juntos e, de repente, fui invadida pela memória da minha mãe me entregando a estranhos enquanto eu me debatia e gritava, implorando para que ela ficasse comigo, antes de ela voltar para o carro e ir embora. Eu não era mais minha versão adulta, era minha versão de três anos. Eu me senti abandonada, sozinha e apavorada.

Então foi como se minha mente se abrisse, e ouvi um sussurro vindo de dentro: *A questão aqui não é ele; é você.* Senti um alívio tomar conta de mim. Um alívio por ele não precisar fazer nem ser nada para que eu voltasse a ficar bem. A dor que eu sentia tinha raízes em feridas do passado que passaram tempo demais sem ser cuidadas. Feridas que secretamente nutriam ideias como: *Você não é o bastante. Você está estragada para sempre. Quem poderia querer você?* Mas, naquele momento, eu soube que carregava dentro de mim o poder para sair desse estado doloroso.

Nossa separação e nosso divórcio mais adiante foram um processo longo, extenso e doloroso. Perdi tudo. Minha gatinha, Maya, que eu havia adotado quando morava na Califórnia, foi levada por coiotes. Meu ex me enganou de diversas maneiras, pegando todo o meu dinheiro e me deixando com uma pilha de dívidas. Entrei na justiça para conseguir um divórcio sem sua assinatura depois de correr atrás dele por anos. Ao me dar conta de que nunca voltaria a ver a cor do meu dinheiro, assumi o prejuízo e aceitei que era hora de me concentrar em me reconstruir em vez de esperar que ele mudasse seu comportamento.

É assim que padrões de relacionamento funcionam. Veja as semelhanças entre a história da minha primeira infância e o meu primeiro casamento. **É comum nos depararmos diversas vezes com temas emocionais recorrentes sem conseguir reconhecer que estamos repetindo um padrão.** A maioria das pessoas não aprendeu que carregamos nossas feridas da infância até a vida adulta ou que nossos maiores desafios de relacionamento muitas vezes vêm de tentativas inconscientes de curar as velhas feridas.

Quando começo a trabalhar com as pessoas em seus padrões de relacionamento, é comum dizerem coisas como:

"Não vejo padrão nenhum; são todos tão diferentes!". Embora o teor de cada relacionamento possa ser muito diverso, é importante se concentrar nos *temas emocionais centrais* que trazemos para cada um. Temas emocionais centrais são visões ou histórias negativas que nos seguem aonde quer que vamos. Por exemplo, o fim do meu primeiro casamento refletiu algo muito semelhante da minha infância. Meus temas emocionais centrais eram abandono e traição, acompanhados pela narrativa de que eu tinha que fazer tudo por conta própria, ser a cuidadora e carregar o fardo sozinha.

Ao longo deste livro, você vai aprender a desvendar seus padrões de relacionamento e transformá-los aos poucos. Enquanto revisita essas memórias, pratique entrar em sintonia com seu corpo e levar curiosidade e compaixão ao que quer que surja. Embora esse processo não seja fácil nem confortável, é o caminho que irá levar você a incorporar sua verdade e sua libertação. Estou ansiosa para que você entre nessa jornada rumo ao fundo dos seus padrões de relacionamento para que consiga desembaraçá-los e finalmente recuperar a vida que está aqui para viver.

NOSSO RELACIONAMENTO COM NÓS MESMOS

Permita-me esclarecer: minha missão com este livro não é ajudar você a encontrar o amor; é lembrá-lo do amor que você *é*. Não que eu não acredite na beleza de um parceiro consciente — eu acredito! É o caminho espiritual em que eu mesma estou. Mas, com muita frequência, ficamos presos à ideia de que uma vida plena deve seguir um roteiro fixo: encontrar um parceiro, se casar, ter filhos e viver felizes para sempre. Temos tendência a dedicar grande parte do nosso foco aos relacionamentos e a atrair um parceiro por quem nos desdobramos e nos contorcemos para ser quem pensamos que *deveríamos* ser para ser amados.

Em vez de tentar encontrar o parceiro perfeito, quero estimular você a olhar primeiro para dentro. Está na hora de considerar se apaixonar profundamente por si mesmo e confiar que a vida tem um sentido que é unicamente seu, muito além dos símbolos de status social. Se concentramos toda a nossa energia no exterior ou dedicamos nosso trabalho de cura apenas à intenção de encontrar um relacionamento romântico, deixamos de ver o que importa.

Seu relacionamento com você mesmo é o relacionamento mais importante que você vai cultivar. Embora possamos fazer tudo em nosso poder para criar uma relação amorosa, uma parceria que achamos que vai durar para sempre pode acabar. Não deixe que isso assuste você. Juro que não estou sendo cética. Simplesmente não sabemos quando nosso tempo vai acabar e, no fim, a única pessoa com quem temos a garantia de estar em um relacionamento desde o nascimento até a morte somos nós mesmos. Em vez de nos fixarmos no externo, precisamos passar algum tempo desenvolvendo nossa relação interna e reconhecer que o amor que buscamos não existe apenas fora de nós.

Ao se concentrar em seu destino pessoal, você vai encontrar a base necessária para criar a vida e os relacionamentos que deseja, e assim experimentar a qualidade de conexão pela qual seu coração anseia.

Para curar os padrões que nos mantêm em um ciclo de infelicidade e mágoa, precisamos primeiro fortalecer nossa relação conosco. É aí que vamos começar nosso trabalho de cura juntos.

O QUE SIGNIFICA FAZER UM TRABALHO DE CURA?

Curar é um pouco como acordar de um sonho. Em um término, divórcio ou algum tipo de crise, pode ocorrer uma abertura para a transformação. Raramente encontro uma pessoa inspirada para empreender seu trabalho de cura quando passa por um ótimo momento na vida. Normalmente, começa quando estamos exaustos de um padrão e tentando encontrar uma saída. Curar não significa esquecer ou apagar nosso passado, mas *integrá-lo*.

Traumas e memórias dolorosas não são apenas coisas da nossa cabeça; eles são abrigados em nosso corpo, armazenados em um nível celular e até herdados de gerações anteriores. Ao começarmos o processo de cura juntos, é vital reconhecer que não basta mudar de opinião e decidir ser diferente. Nossos padrões se repetem porque estão profundamente arraigados em nosso corpo; portanto, o caminho que devemos trilhar e o trabalho de cura em que embarcaremos a seguir é um entrelaçamento de corpo, mente e espírito.

A jornada de cura é

- Viver o luto pelo passado e pelo que foi perdido.
- Deixar para trás relacionamentos estagnados.
- Abrir espaço para a incerteza durante o processo de transição.
- Aceitar que não temos como mudar o passado.
- Perdoar os outros e nos perdoar.

- Encarar as grandes emoções que podemos ter reprimido.
- Tirar a dor, a memória e o trauma do corpo.
- Reconhecer nossa sensibilidade profunda.
- Aprender a confiar no amor de novo.
- Não associar mais nosso valor a quanto oferecemos ou produzimos.
- Observar nossos pensamentos e dar menos poder à mente para controlar o nosso comportamento.
- Lembrar que já somos inteiros.

O caminho de cura costuma aparecer quando tudo o mais foi tirado de nós. Quando o amor foi perdido e as promessas quebradas, quando tudo o que pensávamos saber virou fumaça e cinzas. *São os momentos de desespero profundo e coração partido que nos preparam para uma existência desperta.*

SEU CAMINHO DE CURA É SÓ SEU

Eu tinha uma amiga que era uma "solteira crônica". Não importava o que fizesse, ela nunca conseguia passar da marca de três meses com ninguém, embora quisesse desesperadamente construir um relacionamento duradouro. Já eu estava noiva pela segunda vez e enfrentando minha própria dificuldade: continuar em campo depois de entrar em um relacionamento.

Minha reação automática quando sou provocada é fugir ou, pelo menos, fantasiar uma fuga. Minha mente elabora uma fantasia gloriosa sobre desaparecer nas montanhas, viver como uma eremita na floresta em uma cabaninha bem escondida do mundo e nunca mais ser perturbada de novo, em paz, completa e absolutamente sozinha.

Minha amiga, por outro lado, tinha passado mais de cinco anos sofrendo com uma solidão profunda. Ela se depreciava por ser solteira e vivia me dizendo que eu tinha sorte por estar em um relacionamento, e como era horrível ficar sozinha. E é verdade: tenho a bênção de contar com um parceiro incrível. *Mas minha verdade pessoal é que estar em um relacionamento era mais desafiador para mim naquela época porque ia contra meu instinto de me proteger e manter as pessoas longe.* Em certo nível, nós duas estávamos vivendo uma realidade que exigia nosso esforço máximo — ela precisava aprender a ser inteira sozinha, e eu tinha que aprender a relaxar na intimidade em vez de afastar o outro.

A verdade é que meu trabalho mais profundo era *dentro* de um relacionamento e, quando finalmente parei de fugir e ceder ao impulso de escapar, o que encontrei no lugar da minha fantasia de isolamento foi um casamento amoroso e uma comunidade unida.

É comum resistirmos à nossa realidade porque ficamos consumidos em comparações ou desejando algo diferente — queremos o oposto do que temos agora; queremos o que *eles* têm, ou o que acreditamos que deveríamos ter. Mas a vida é uma ótima professora e, qualquer que seja seu status de relacionamento ou circunstância, existe uma cura ao seu alcance aqui e agora.

Estou convidando você a abandonar a ideia de que a vida só começa quando você tem um parceiro, ou que relacionamentos são assustadores demais, ou que você não é o bastante, ou que pode entrar em um estado de entrega num piscar de olhos. Não que suas circunstâncias atuais não sejam difíceis, ou que você devesse parar de sentir vontades ou desejos. Em vez disso, estou pedindo para que você passe a notar quando sentir essas coisas e, em vez de se apegar à ideia de que está perdido, considere que, agora, você está onde precisa estar.

Para ser sincera, fico incomodada quando isso é dito fora de contexto, ainda mais se estamos sofrendo ou passando por uma grande perda. Tragédias acontecem e podem ser completamente devastadoras. Nesse momento, elas não parecem a coisa "certa" nem que estão acontecendo por um motivo, e não acredito que você precise adotar essa filosofia. Mas, quando nos vemos mergulhados em uma perda, dor ou mágoa, é exatamente aí que estamos. Não há para onde ir além de para dentro. É então que nos deparamos com uma escolha: afundar ou nadar, coração fechado ou aberto, amargura ou crescimento. Quando passamos pela dor com a mente aberta e disposição para aprender, podemos encontrar um sentido em nossas experiências que nunca imaginaríamos encontrar.

Uma grande mudança normalmente evoca outras; é um efeito dominó. No processo, é normal questionar partes de si enquanto deixa para trás histórias e crenças antigas. É normal que algumas amizades terminem; é normal descobrir que você precisa de mais tempo sozinho. Com a mudança muitas vezes vem o luto, porque para que algo novo emerja algo em sua vida pode precisar morrer. Momentos de transformação pedem que sejamos muito criteriosos com nossa energia. Confie em si e nas escolhas que faz durante esse período. Não precisa fazer sentido para ninguém além de você.

Se estiver conhecendo partes novas de si mesmo, crie espaço para a evolução acontecer. Estamos todos aqui com lições para aprender. Alguns de nós podem estar no caminho para abrir o coração e derrubar suas muralhas quando estão em um relacionamento. Alguns estão aprendendo a se amar inteira e completamente, por conta própria. Nosso caminho pode estar em um relacionamento ou na vida de solteiro — talvez não para sempre, mas por um tempo —, e ambos são belos.

Curar seus padrões de relacionamento é um processo com diversas camadas. Sua jornada cabe apenas a você, sua história e as lições que sua alma veio aqui para aprender. Permita-se ir devagar; não há pressa. Passo a passo, de respiração em respiração. Você está se curando.

O QUE SIGNIFICA SE TORNAR A PESSOA CERTA PARA VOCÊ

Uma indústria de desenvolvimento pessoal multibilionária nos vendeu a ideia de que precisamos mudar quem somos para ter o que queremos. Nos ensinaram que atrair um parceiro exige joguinhos dissimulados, e que precisamos acabar com as qualidades "indesejáveis" de nossa personalidade para ser atraentes. Como resultado, é bem possível que você tenha se sentido dividido entre ser você e ser quem o mundo exterior falou que deveria ser.

A pessoa certa é você, junto com todo o meu trabalho, é uma resposta à ideia de que você precisa mudar ou consertar quem você é para ser amado. Este livro é sobre autoaceitação, pois até as partes que acha difíceis de amar em você merecem um lugar. Esta é uma oportunidade para que você deixe todo o resto do lado de fora: a pressão, o esforço, o perfeccionismo, a tentativa de ser alguém diferente de quem você é.

Ao longo deste livro estão rituais e ensinamentos para conectar você à natureza — para redespertar a consciência de que você é parte de todos os seres vivos. As plantas, os animais, florestas, rios, oceanos e toda a criação estão dentro de você. Reconectar-se com a natureza é um portal para se lembrar do amor divino e incondicional.

A *pessoa certa é você* é inspirado por meu principal programa on-line. Mais de 30 mil pessoas em 146 países conseguiram completar essa jornada, e outras milhares começam todo mês. Planejei este livro com três intenções de cura em mente:

1. Encontrar sua completude e aprofundar um relacionamento seguro e amoroso consigo mesmo.

2. Fazer as pazes com seu passado e curar suas feridas.

3. Oferecer uma reeducação holística e espiritual em relacionamentos, criando uma base mais amorosa para sua vida.

A *pessoa certa é você* não é sobre

- Dicas de relacionamento.

- Consertá-lo (você não está quebrado).

- Aprender a fingir autoconfiança para atrair um parceiro.

- Atrair sua alma gêmea por meio de pensamento positivo e intenção.

- Truques para manipular alguém a querer estar com você.

- Entender como mudar seu parceiro (passado ou presente).

A *pessoa certa é você* é sobre

- Aprofundar seu relacionamento consigo mesmo.
- Integrar seu passado por meio do trabalho interior.
- Entender e curar seus padrões de relacionamento.
- Aprender a se mostrar de maneira autêntica em uma relação.
- Ajudar a esclarecer seus desejos, seus valores fundamentais e seus limites.
- Fazer o trabalho de base a fim de preparar você para um relacionamento consciente.
- Lembrar de sua unidade com todos os seres vivos neste grande universo.
- Atingir um lugar de autoaceitação e compaixão para todos os seus eus do passado.

ALGUMAS COISAS PARA TER EM MENTE
DURANTE O PROCESSO

Seja gentil com o seu coração

Ao longo deste percurso, você pode descobrir partes de si que ficaram escondidas por muito tempo. Você também pode se deparar com sentimentos desconfortáveis como vergonha, culpa e tristeza. Às vezes, logo antes de estarmos prestes a ter um momento de cura, encontramos um obstáculo e desistimos. Largamos o livro na prateleira e voltamos ao que estávamos fazendo antes de esses sentimentos surgirem. Por favor, saiba que não há problema em se sentir desconfortável ao longo do processo. Esses sentimentos significam apenas que você se importa, então descanse um pouco e continue em frente.

Considere dar um tempo no álcool e outras substâncias

Enquanto explora seu passado e confronta seus padrões de relacionamento, é aconselhável ter um alto grau de discernimento com relação a seu bem-estar. Afaste tudo que possa diminuir sua energia ou deixar você para baixo. Pense em dar um tempo no álcool e outras substâncias (se fizerem parte de sua vida) e substitua por água, chás de ervas, alimentos naturais e mais tempo se conectando com os elementos — oceanos, rios, florestas, montanhas e jardins podem ser santuários de cura.

Priorize-se

Ao longo do processo, é importante se dedicar a passar algum tempo sozinho, praticar o autocuidado e se priorizar. Se você costuma se doar demais, ou representar o papel de cuidador de amigos, familiares ou parceiros, este é um lembrete para se doar a *si mesmo* primeiro. Para aprender a se sentir em segurança no seu corpo e defender seu valor, é necessário estar em sintonia com suas necessidades e dar prioridade a seu bem-estar.

Faça um diário

Os exercícios e propostas de escrita inclusos neste livro estão aqui para ajudar você a encontrar o caminho em direção à sua verdade. Sugiro que comece um diário que acompanhe sua leitura, para que você possa seguir os exercícios propostos e explorar ou revisitar o que surgir enquanto avança pelos capítulos.

Encontre um parceiro de leitura ou comece um clube do livro

Você pode ter um ou mais amigos com quem gostaria de embarcar nessa jornada. Instituir encontros semanais para discutir o que aprendeu ou organizar um clube do livro são boas formas de passar por este programa.

Ignore a linha do tempo

Não há pressa para entender tudo ou se curar completamente. Trate esse trabalho interior com reverência e adote sua cura como uma prática para a vida toda. Sempre há mais a aprender. Esqueça a pressão para chegar rápido a algum lugar e permita que esse desenvolvimento seja um processo lento, gentil e acolhedor.

Abra espaço para mais alegria

Não deixe a ideia de cura se tornar uma obsessão. Embora seja ótimo que muitos de nós estejam empreendendo o profundo trabalho interior de aplacar traumas passados e remover os bloqueios que carregamos há gerações, também precisamos estar conscientes de não nos concentrarmos tanto na cura a ponto de esquecermos o objetivo de tudo isso: sentir mais alegria e conexão! Abra espaço para diversão e alegria e se parabenize a cada passo que der ao longo do caminho.

Explore sua espiritualidade

Esta é uma oportunidade de relembrar sua conexão com o Espírito. Meu uso do termo *Espírito* no decorrer destas páginas é em referência à fonte de amor vasto e incondicional que existe dentro de nós e ao nosso redor. Podemos sentir essa conexão em nosso espaço onírico, na meditação e quando estamos imersos na natureza. Alguns se sentem mais à vontade usando os termos *Deus*, *Energia Original* ou *Mãe Natureza*. Por favor, note que não estou falando em um contexto religioso aqui. Você é livre para explorar qualquer que seja sua relação pessoal com o Espírito.

É normal sentir medo da mudança.

Mas não deixe seu medo prender você.

Guarde-o, carregue-o consigo se precisar.

Encare sua própria escuridão e caminhe até ver a luz.

2. Tudo começa com você

Embora sua história não seja conhecida por muitos, as fiandeiras são ícones culturais. O termo se originou no século XIV, referindo-se a mulheres solteiras que fiavam lã e assim ganhavam a vida. No século XIX, ser uma fiandeira era uma fonte secreta de orgulho. Era um privilégio continuar solteira numa época em que a maioria das mulheres dependia economicamente dos homens.

Com o tempo, ao estilo patriarcal, a palavra em inglês para fiandeira, *spinster*, foi distorcida e passou a carregar a conotação negativa de "solteirona". Mas, na verdade, essas mulheres que levavam vidas de autonomia e independência eram *poderosas*. Eram elas que, por destino ou casualidade, trilhavam seu próprio destino e tomavam a decisão de continuar solteiras em vez de se casar por necessidade — e, caso decidissem se casar, não aceitariam nada menos do que uma parceria verdadeira e enriquecedora.

Hoje, muitas mulheres ainda carregam essa programação patriarcal de que nosso valor está atrelado ao status de relacionamento, mas isso não é verdade. Vincular nossa identidade ao fato de estarmos ou não em um relacionamento romântico é, na verdade, o que nos distancia de ter o tipo de intimidade profunda que desejamos em nossa alma.

Se temos medo de estar solteiras por acreditarmos que isso diz algo sobre nosso valor, é muito provável que nos contentemos com migalhas, e pratiquemos a autossabotagem ou o autoabandono para nos manter em um relacionamento que não sacia nosso potencial mais elevado. Em meus programas, destaco a importância de escolher o *trabalho interior* com a intenção correta. O trabalho interior não pode se concentrar em um objetivo externo, como consertar outra pessoa, convencer alguém a se dedicar mais ou atrair um parceiro. Acima de tudo, esse trabalho deve estar fundamentado na autodevoção.

O relacionamento consciente tem tanto a ver com a relação que você tem consigo mesmo como com a relação que tem com os outros e o mundo ao seu redor. Não é um destino aonde chegar; é um estilo de vida.

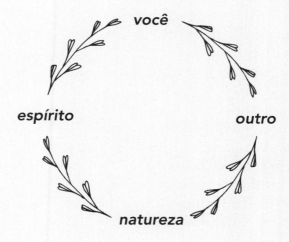

Não tem problema se você também quiser atrair um parceiro ou curar uma relação com alguém de quem gosta, mas não há como se preparar para nenhuma dessas coisas se estiver nadando em um oceano de mágoas e ressentimentos do passado, padrões ansiosos ou medo de intimidade. Por mais que adoremos atalhos, não existe nenhum quando o assunto é curar nossos padrões. O único caminho para o amor verdadeiro e autêntico é fazer a jornada para o passado, recuperar as partes que dispensamos ou enterramos e enfim honrar quem somos em nossa totalidade. Devemos assumir uma responsabilidade radical por nossas mentes, emoções e realidades.

Com os pés firmemente plantados em quem somos e no que queremos, podemos dar voz a nossos desejos e, se assim quisermos, convidar outras pessoas a se juntarem a nós em uma parceria que reflita a relação rica e sintonizada que construímos dentro de nossos corações.

ACERTANDO NOSSA RELAÇÃO CONOSCO

A energia que você carrega é importante. Quando alguém tem questões de autorrejeição, nós sentimos. Quando é confiante e se mostra à vontade na própria pele, não conseguimos evitar nos atrairmos por essa pessoa. E, embora possa não parecer óbvio de cara, no fundo sabemos quando nós ou os outros estão resistindo à realidade.

Embora os sintomas possam parecer diferentes para cada pessoa, padrões de autossabotagem, deixar que os outros ditem nossos limites, não se impor, sentir-se sem controle, pensar demais, ultraindependência, codependência e desregulação emocional são alguns dos principais indicadores de que estamos desalinhados com nossa verdadeira natureza. Para nos empoderar mais, precisamos aprender a confiar em nós mesmos e desenvolver uma base espiritual que nos guie para pessoas e ambientes que nos façam bem.

Muitos dos obstáculos que enfrentamos no amor, como padrões estagnados nos quais nossos relacionamentos parecem nunca avançar a partir de certo ponto, se devem ao fato de que contêm uma parte de nós. Quando assumimos uma relação consciente conosco, temos a oportunidade de nos tornar mais acessíveis, vivos e nos expressar de maneira mais genuína em nossas conexões.

Desenvolver essa relação é o processo lento e gradual de aprender a ser testemunha de seus sentimentos e se reconectar com seu corpo e suas emoções. É trazer suas necessidades, sentimentos, sonhos, partes escondidas ou rejeitadas, sua luz e sua escuridão — tudo que faz parte de você — à consciência para que consiga mudar sua energia da autossupressão para a autoaceitação. Quando você faz isso, tem mais chances de se mostrar de maneira autêntica, permitindo que os outros vejam e amem você do jeito que é.

Uma relação interna saudável começa com

Desenvolver segurança e autoconfiança: Conhecer-se por dentro e por fora.

Separar tempo para você: Estar na natureza, consciente de sua respiração e em sintonia com seu corpo.

Aprofundar a autocompaixão: Encarar suas muralhas e defesas com amor e empatia.

Dar voz a suas emoções: Entrar em sintonia com o sentimento sob o sentimento.

Entender sua capacidade: Saber quando é hora de dar um tempo.

Perdoar suas versões passadas: Ter compaixão pelos erros e honrar sua jornada.

Ser fiel a seus valores: Guiar sua vida a partir da verdade de quem você é.

Expressar-se: Ter conversas francas e vulneráveis com as pessoas de quem você gosta.

Pedir apoio: Recorrer a um amigo ou falar com um guia quando precisar de ajuda.

SETE ENCONTROS PARA COMEÇAR A CONSTRUIR UM EU MAIS SEGURO

Quanto mais nos conhecemos, mais segurança sentimos em nossa própria pele. É por isso que, para desenvolver segurança e autoconfiança, incentivo que você tenha encontros consigo mesmo. Pode ser que você já goste de passar um tempo só; se for o caso, sua missão é dar mais propósito a como passa esse tempo. Se passar um tempo sozinho for difícil para você, criar uma prática regular de se encontrar consigo mesmo pode aumentar sua autoestima e ajudar você a se conectar de novas formas.

Quer seja um dia inteiro, uma tarde ou trinta minutos, esse tempo vai ajudar você a criar o hábito de desenvolver seu relacionamento consigo. À medida que avança neste livro, escolha um encontro a sós, ou mais, para fazer toda semana — ou sinta-se livre para criar suas próprias ideias de encontro:

Tire um tempo para meditar, visualizar
ou praticar respiração.

Dance de maneira sensual e divertida
com sua música favorita.

Tome um banho de ervas. Depois, passe óleo no corpo
e faça uma automassagem.

Crie uma noite de arte e pratique pintura
ou desenho intuitivo.

Inscreva-se para uma aula em grupo
e socialize.

Prepare um jantar gostoso para você
ou saia para comer sozinho.

Leve-se para um passeio.

APRENDA A OBSERVAR A MENTE

À medida que nos aprofundamos neste livro, gostaria de convidar você a praticar a observação da mente e ser testemunha de seus pensamentos, em vez de se deixar guiar por eles. Observar sua mente é a ponte para desenvolver a autoconsciência.

A mente produz constantemente milhões de pensamentos e histórias. Ela cria sentido a partir das experiências que temos e fornece um modelo automático para o que esperar no futuro. É assim que nossa mente busca desenvolver segurança, mas é uma falsa sensação de segurança, pois, enquanto estivermos deixando o passado moldar nosso presente, estamos operando a partir de um roteiro predeterminado em vez de deixar que a vida se desenrole de forma natural.

É por isso que você não pode acreditar em todos os pensamentos que tem. Em vez de agir no automático a partir de um pensamento, você pode diminuir o ritmo, respirar fundo e se perguntar se esse pensamento é verdadeiro, se é baseado em uma experiência passada ou se é simplesmente insignificante! Então você pode decidir se quer responder a ele ou deixar que passe. Essa auto-observação é um aspecto vital do trabalho interior e do autodespertar. Ela não parte de uma perspectiva de julgamento, crítica ou culpa, mas de curiosidade e compaixão.

À medida que você avançar por este livro e aprender a observar sua mente, vai notar que alguns de seus pensamentos existem para proteger você. É aí que entra o ego. O ego age como um mecanismo de defesa para manter sua autoimagem e identidade, para proteger você da possibilidade de dor. Mas alguns de seus pensamentos de proteção e defesa na verdade mantêm você longe do amor e impedem que você se expresse plenamente. Às vezes, seus pensamentos vão dizer que *não é seguro deixar o amor entrar*. Ou que *não é seguro ser quem você é*, ou que precisa esconder sua verdade para conquistar afeto e aprovação. Quero que você imagine que está entrando em um espaço de autenticidade e vulnerabilidade. Vamos assumir alguns riscos nesse programa. É importante ser honesto e botar todas as cartas na mesa, para deixar as pessoas verem você do jeito que é.

Há momentos em que ficamos presos a um padrão: quando deixamos nossa mente criar uma história e buscamos inconscientemente validar essa história encenando e nos isolando do amor. Essa é nossa mente tentando criar uma sensação de segurança por meio do controle. Para nos libertar desse padrão, devemos praticar a *consciência testemunha* (sermos testemunha dos nossos padrões) e nos entregar ao desconhecido. Podemos observar com amor nossos padrões de pensamento e hábitos à medida que surgem e nos distanciar das reações negativas que fomos condicionados a repetir. Praticamente a única diferença entre uma pessoa autoconsciente e uma pessoa que não é autoconsciente é a capacidade de contestar a mente e distinguir entre pensamentos e verdade.

Da próxima vez que um pensamento, crítica ou julgamento surgir, respire fundo e se pergunte:

Que parte de mim está se protegendo com esse julgamento?

Que parte de mim está tentando controlar as coisas com esse pensamento?

Esse pensamento está vindo de uma perspectiva de amor ou de medo?

Se não aprendermos a observar nossa mente, acabamos acreditando em todo medo, toda crítica, todo julgamento. Os problemas que nossa mente cria vão crescendo até começarem a moldar a forma como vivemos o mundo, o que, em alguns casos, pode se tornar debilitante ou prejudicial à nossa vida. Traumas e medos se infiltram e fazem morada em nossa mente e, se não tomarmos cuidado, vamos começar a viver a partir dessas perspectivas. A mente, se você permitir, vai contar todo tipo de mentira sobre seu valor ou direito ao amor. É preciso prática para aprender a não confiar nessa escuridão. *O trabalho de cura é aprender a observar nossas histórias sem nos apegar a elas.*

SUA RELAÇÃO INTERIOR É A BASE PARA TODAS AS OUTRAS RELAÇÕES

Nossas feridas passadas e nossas reações condicionadas pelo medo vão surgir em nossos relacionamentos, alertando-nos para o que ainda precisa de nosso amor e atenção para se curar. Se tudo que conhecemos é caos, nossos relacionamentos serão caóticos. Se todo exemplo que nos deram é mentira, traição ou inconsistência, então nossos relacionamentos vão refletir o mesmo. Cada um de nós traz um padrão nos relacionamentos, e vamos continuar a agir a partir desses padrões em todas as interações que temos até que o trabalho de cura seja realizado. Quanto mais firmes e centrados nos tornamos, mais próximos ficamos de ter relacionamentos que refletem o lar interior que criamos.

Nosso autovalor e nossa autoestima definem a forma como nos apresentamos em *todos* os nossos relacionamentos. Aumentar sua autoestima e desenvolver uma relação com as partes de si que você renegou têm como finalidade a integração. Quando você se integra, passa a ser a plena expressão encarnada de seu ser inteiro centrado em seu coração. Isso se cultiva retomando seu direito de ser vulnerável, sensível e em sintonia com seus sentimentos.

Quase todas as nossas dificuldades de relacionamento vêm de nossas inseguranças, do medo de usar nossa voz, do medo do abandono, de não ser amado ou de ficar só. Mas imagine o que se torna possível em nossos relacionamentos quando você não precisa mais de outra pessoa para preencher um vazio ou silenciar uma insegurança, mas busca um relacionamento com o único objetivo de encontrar alguém com quem compartilhar o amor de maneira recíproca. Quando usamos nossos relacionamentos como fonte de aprovação, podemos nos perder facilmente no outro. Quando usamos relacionamentos para nos proporcionar as sensações de que necessitamos, dependemos tanto do externo que não temos nenhum domínio sobre nosso mundo interior. Se precisamos de um relacionamento como fonte principal de energia na forma de validação, ou segurança, nossa relação passa a ser transacional. São grandes as chances de não conseguirmos reconhecer os sinais vermelhos, impor nossos limites ou empreender mudanças positivas. *E é por isso que o amor saudável e consciente começa com você.*

Não temos como escolher quem nos atrai, mas nosso trabalho de cura pode ter um impacto profundo em quem e o que nos cativa mais. Grande parte disso é nos sentirmos seguros, e a partir daí podermos escolher pessoas, lugares e ambientes que se identifiquem com nosso eu mais elevado em vez de cair nas mesmas situações vezes e mais vezes.

CURANDO NOSSAS ATRAÇÕES

Uma mulher me disse certa vez: "Tenho o dedo podre". "O dedo podre? Como assim?", perguntei. "É quando você faz péssimas escolhas e sempre escolhe os parceiros errados", ela respondeu. Desde então, observei milhares de mulheres que diziam mais ou menos a mesma coisa. Por mais que desejassem um relacionamento saudável e consciente, ainda assim se sentiam atraídas por pessoas que eram emocionalmente indisponíveis ou evasivas e não dispostas a crescer. Por outro lado, quando conheciam alguém seguro, se entediavam. É um ciclo frustrante e, em geral, resulta na sensação de que elas não podem confiar em si mesmas quando o assunto é amor. Acontece que costumamos escolher o que nos é conhecido, mesmo que isso signifique continuar em um lugar de descontentamento.

Você pode estar com receio de nunca conseguir sentir atração por um parceiro que seja saudável de verdade para você. Sei como é, mas tenho certeza de que você consegue. Quando eu tinha vinte e poucos anos, vivia interessada em pessoas que eram, para ser sincera, perigosas mas atraentes para mim do ponto de vista sexual. Eu achava estabilidade e segurança uma chatice e acreditava que precisaria sacrificar sexo bom e paixão para estar em um relacionamento sólido e saudável. Meu padrão era correr atrás do bad boy, deixar que o relacionamento desmoronasse e, então, me recuperar com um "cara legal". Foi só quando conheci Ben, aos trinta e poucos anos, depois de fazer um trabalho profundo em minhas feridas de infância, que vi com clareza minhas crenças limitantes sobre o que eu poderia ter em matéria de amor e me dei conta de que elas eram apenas isto: crenças limitantes, *não verdades*. Trabalhei com muitas mulheres que diziam o mesmo. Elas queriam tudo — sexo ótimo, paixão, química, comunicação e dedicação. E juro para você: é possível!

É importante lembrar que só porque você sente atração não quer dizer que deva seguir essa atração. Só porque sente interesse por alguém não quer dizer que precise fazer algo a respeito. Você não precisa transar ou correr atrás de um relacionamento com ninguém por curiosidade, paixão, tesão ou desejo. Energia é apenas energia, e qualquer coisa que você sinta no seu corpo pertence a você. Em vez de seguir toda corrente de atração, você tem a opção de cultivar essa energia e deixar que ela alimente sua criatividade e seu trabalho interior.

Nossas atrações não são fixas. Elas refletem nosso relacionamento interior, que está em constante crescimento e mudança. Ao criar mais espaço para a auto-observação quando estamos sentindo a energia da atração, podemos aprender mais sobre nós e dar o primeiro passo para reprogramar por quem nos atraímos.

ALINHANDO-SE COM O RELACIONAMENTO CERTO

Quando entramos na fase de lua de mel de um relacionamento, que é aquele período muito apaixonado, podemos nos animar demais e esquecer de qualificar nossos potenciais parceiros. Podemos nos esquecer de que ainda estamos em uma fase inicial de namoro e ainda não conhecemos a pessoa — para ter aquelas conversas profundas sobre quem somos e compartilhar quais são nossos sonhos, quais são nossos objetivos e o que queremos dar e receber na parceria.

Qualificar nos permite descobrir se realmente nos alinhamos na parceria ou se é apenas química. Existe uma grande diferença entre as duas coisas. Podemos sentir muita atração sexual e química por uma pessoa mas não ser compatíveis para seguir adiante em estágios mais profundos de envolvimento. Muitos de nós vivem buscando o auge da fase de lua de mel e se enganam ao partir do princípio de que esse período de alta intensidade vai durar para sempre. Mas essa fase está fadada a acabar — a natureza a projetou assim. Afinal, você não consegue fazer muita coisa, ser responsável ou cuidar de uma família se está vivendo a loucura do amor e transando o dia todo!

O mais bonito é que há muito mais profundidade quando aprendemos a estar em um relacionamento como uma prática espiritual — e, com o tempo, os presentes que recebemos vão muito além do coquetel químico de prazer e excitação que sentimos no começo. Parte de se alinhar para o tipo de relacionamento que você deseja é ter um canal claro e direto de comunicação entre seu coração, seu corpo e sua mente para que consiga levar a consciência a cada passo da parceria.

Por outro lado, se estamos escondendo mágoas do passado, podemos nos resguardar e achar difícil deixar qualquer pessoa entrar por tempo suficiente para ir além da fase inicial dos primeiros encontros. O trabalho interior vai ajudar você a se abrir mais para o amor caso tenha se fechado ou molhar os pés primeiro se tiver tendência a mergulhar de cabeça, para que, quando conhecer uma pessoa com quem possa se aprofundar, esteja preparado.

Tenha autocompaixão ao longo do caminho

Muitas pessoas ficam presas em um ciclo repetitivo antes de despertar e começar a jornada de cura, e isso não é motivo de vergonha. Na verdade, faz todo sentido que repitamos os mesmos padrões porque, em certo nível, estamos tentando curar uma ferida ou encontrar uma definição para algo que aconteceu no passado. Enquanto você descobre seus padrões de amor, em vez de se perguntar por que não viu isso antes ou desejar poder voltar no tempo e mudar o passado, pode escolher seguir em frente com autocompaixão e encontrar sentido em suas experiências de vida.

Pontos para lembrar

- Sua relação consigo estabelece a base para todas as relações que você tem na vida.

- O trabalho interior exige que você volte para si mesmo e assuma uma responsabilidade radical por sua mente, suas emoções e sua realidade.

- Não há problema se você sentir uma desconexão em relação ao seu eu autêntico agora. Seja gentil e pratique a compaixão.

- Reconstruir uma relação consigo é um processo gradual em que você aprende a presenciar seus pensamentos e se reconectar com seu corpo e suas emoções.

- Escolher curar seus padrões de relacionamento não significa se consertar; tem mais a ver com recuperar sua completude.

Passamos muito tempo buscando estratégias para
nos sentirmos melhor ou não sentir tanto.

Que tal simplesmente ficar com o sentimento que está
presente em você agora?

Você conseguiria aceitá-lo?

Conseguiria cuidar desse sentimento com amor,
como cuidaria de uma criança pequena ou de uma coisa preciosa?

Conseguiria amar sua tristeza e seu luto dessa forma?

Rotulamos nossos sentimentos e limitamos
nossa expressão plena.

Bons, maus, positivos, negativos, intensos demais...
quais aceitamos e quais negamos?

Todos eles são reflexos de nossa capacidade de viajar
ao desconhecido.

Se nos dispomos a deixar os rótulos de lado,
tudo que resta é energia.

3. Reencontrando a sabedoria do corpo

Quer tenhamos consciência disso ou não, somos todos seres sensíveis à energia. Quando você entra em uma sala e sente algo "estranho", é seu corpo reagindo à energia. Quando você sente euforia no ar, é seu corpo reagindo à energia. Sim, vivemos em uma cultura que prioriza a lógica e enquadra a emotividade como algo fraco, instável ou indigno de confiança. Embora isso torne a ideia de nos sentirmos à vontade em nosso corpo um desafio, é possível nos reconectar com nossa sensibilidade de uma forma que nos empodere e nos ancore.

No capítulo 2, falamos sobre aprender a observar a mente. Neste capítulo, vamos traçar um caminho para criar uma relação consciente com seu corpo e seu ambiente energético, para que você possa se reconectar com a sabedoria do seu corpo e desenvolver sua capacidade de estar com todo o espectro da emotividade.

Uma das maiores dificuldades que encontramos ao fazer o trabalho interior é como nos acalmar ou processar grandes emoções, energias e sensações que surgem ao longo do caminho. Se não estivermos em sintonia com nosso corpo, podemos reagir de formas que criam ainda mais desconexão e causam vergonha e desconfiança em nós. A desconexão em relação ao nosso corpo muitas vezes é o principal motivo por que negamos ou não confiamos em nossa raiva ou tristeza.

No entanto, quando escutamos nosso corpo e conseguimos encarar todas as nossas emoções, nós nos tornamos mais firmes, autoconscientes e confiantes. Estar em seu corpo é um componente importante da sua cura, para que você volte à sua verdade. Isso permite que você tenha consciência de seus limites, seus valores fundamentais e sua intuição. À medida que avançar por este livro e sempre que as coisas parecerem difíceis, você pode se centrar recorrendo às práticas e aos ensinamentos encontrados aqui.

POR QUE SAÍMOS DO NOSSO CORPO

Muitos de nós saem do corpo logo no começo da vida — em geral por causa de traumas, abusos ou abandono na infância, ou quando sofremos negligência emocional (o que pode acontecer mesmo com pais amorosos). Em resposta a isso, compulsão alimentar, exercício em excesso, restrição alimentar, uso de substâncias, tendência a analisar demais as situações, recorrer à lógica em vez de às emoções e fugir da intimidade são formas como podemos tentar nos anestesiar e sair do corpo. Portanto, quando nos sentimos presos a um padrão e simplesmente parecemos não conseguir fazer as mudanças que queremos, é provável que nosso corpo precise de mais apoio para integrar nossa cura.

Quando somos crianças, nosso sistema nervoso cria um mapa para como reagir a coisas como conflito, toque, conexão e sentimentos como raiva, tristeza, alegria, prazer e assim por diante. Se acontece alguma coisa que faz nosso sistema nervoso congelar, agradar os outros, se fechar ou entrar em modo de lutar ou fugir, nosso corpo pode se adaptar e continuar a responder na vida adulta como se o trauma ou experiência do passado ainda estivesse acontecendo. Quando não temos as ferramentas, o tempo ou o lugar seguro para nos curar, ficamos presos a esse ciclo emocional até termos o estímulo de que nosso sistema nervoso precisa para se libertar do trauma.

Isso pode tornar difícil e confuso confiar em nós mesmos. Acreditamos que não devemos "ouvir nosso corpo" porque não sabemos ao certo quando ele está reagindo a um medo do passado ou a uma ameaça real. Mas todas as sensações em nosso corpo são mensagens, e isso é tudo de que você precisa para validá-las. Não importa se a ameaça é real ou imaginária. Se você não se sentir em segurança, é seu corpo pedindo para você fazer uma mudança. Responda entrando em uma configuração ou ambiente em que consiga escutar lenta e tranquilamente a mensagem que ele está tentando passar.

Não precisamos ignorar, justificar ou corrigir as sensações em nosso corpo. **Aprender a conviver com o desconforto e deixar que nosso corpo se mova da maneira como quer já é se curar.** Sempre que resistimos a uma emoção, acabamos mantendo o desconforto por mais tempo e nunca completamos o ciclo. Isso pode se manifestar como fadiga, dor física, ansiedade e estresse. Se dermos ouvidos, nosso corpo sabe instintivamente como liberar emoções armazenadas. Podemos sentir o impulso de chacoalhar, pular, chutar ou socar um travesseiro, sair para correr, esfregar ou massagear as pernas ou dar um mergulho. Todas essas ações são exemplos da inteligência natural do corpo nos ajudando a processar energia.

Muita gente vive mais na própria cabeça do que no corpo. Estar em nosso corpo significa precisar sentir, o que pode ser muito assustador quando estamos carregando traumas familiares herdados, além de nossos próprios medos, ansiedades e sentimentos de não merecimento. Mas, quando vivemos mais dentro da nossa cabeça e isolados de nosso corpo, também estamos desconectados do nosso conhecimento interno. Nem tudo pode ser resolvido esmiuçando os mínimos detalhes. Seu corpo é uma bela e inteligente fonte de sabedoria. Ser inteiro significa que a cabeça, o corpo e o coração estão trabalhando em harmonia para guiar você. Uma conexão profunda entre cabeça, corpo e coração é o resultado brilhante de um ser integrado e espiritualizado.

Estar na nossa cabeça é

- Tentar imediatamente encontrar sentido em um sentimento.
- Negar nossa realidade emocional porque não parece lógica.
- Usar uma linguagem centrada na mente em vez de uma linguagem centrada no corpo: "Eu penso" em vez de "Eu sinto".
- Tentar nos convencer a deixar de sentir algo.
- Tentar justificar por que estamos sentindo uma emoção.
- Explicar demais nossos sentimentos.
- Sentir-se anestesiado ou emocionalmente distante.
- Ver as emoções e a expressão como coisas fracas ou humilhantes.

- Valorizar mais a compostura do que a emotividade.
- Concentrar-se nos "fatos" como se as emoções não tivessem valor ou finalidade.

Estar no nosso corpo é

- Sintonizar-se dentro de si, perceber uma emoção quando ela surge e dar nome a ela: "Estou me sentindo triste, raivoso, alegre, nervoso etc.".
- Localizar e identificar as sensações em nosso corpo: "Sinto tensão na barriga, meu peito está apertado, meu maxilar está rígido".
- Usar "Eu penso" quando você tiver um pensamento e "Eu sinto" quando tiver uma emoção, e saber a diferença.
- Deixar que seus sentimentos e sensações existam sem precisar encontrar sentido neles.
- Criar oportunidades para mover a energia através do corpo (dançar, gritar em um travesseiro, chorar, respirar fundo).

Uma conexão de cabeça, corpo e coração é

- Ser capaz de diferenciar pensamentos, sensações e sentimentos.
- Saber quando precisa de tempo e espaço para processar emoções intensas antes de tomar uma decisão ou iniciar uma conversa.

- Confiar em seu corpo e explorar as mensagens que ele traz sem se julgar.
- Voltar à sua respiração e notar quando sua mente está inventando uma história ou sendo autocrítica.
- Trazer a presença para o seu corpo quando reconhecer que está pensando demais ou entrando em uma espiral de medo e preocupação.
- Acalmar-se com a respiração, a visualização da criança interior ou buscar apoio quando se sentir sobrecarregado.
- Valorizar a emoção e a lógica em momentos diferentes.
- Abrir espaço para a magia, a intuição e a sincronicidade inexplicável da vida.

A ORIGEM DOS NOSSOS FALSOS EUS

Na infância, aprendemos quais emoções são seguras e quais vão resultar em rejeição, humilhação, ridicularização ou sentimentos de desamparo. Muitos de nós eram castigados pela maneira como lidavam com suas emoções. Podemos ter sido deixados sozinhos até estarmos "nos comportando melhor". Como jovens humanos, nosso cérebro e sistema nervoso ainda estavam entrando em sintonia com nossos cuidadores. Precisávamos deles para nos ajudar a passar pelos grandes altos e baixos, para nos ensinar que não havia problema em sentir e abrir espaço quando nos sentíssemos sobrecarregados pelas nossas emoções.

Muitas crianças não recebem isso, portanto suas respostas adaptativas encontraram outras formas de receber o amor e a atenção de que precisavam — ou se protegeram da dor de não ter suas necessidades atendidas se distanciando dos outros. No começo de nossas primeiras relações com nossos cuidadores, começamos a formar nossos "eus adaptativos" ou "falsos eus". Nossos "eus falsos" também podem ser chamados de "máscaras" ou "escudos". Usamos máscaras como uma resposta ao trauma e à sensação de mágoa ou traição. Não nos mostramos mais como nosso "eu autêntico" porque aprendemos que não é seguro fazer isso.

É comum levarmos essas máscaras para a vida adulta, dificultando criar relacionamentos saudáveis. Em vez disso, ficamos resguardados, defensivos ou fechados, ou escondemos nossa verdade. Parecemos distantes quando, por dentro, queremos amor e atenção. Parecemos espalhafatosos e irritados quando, no fundo, somos muito sensíveis e acanhados. Dizemos ou fazemos coisas que não são autênticas por receio de encontrar ou preservar o amor.

A MÁSCARA DE SOBREVIVENTE

Na infância, eu era muito sensível e sentia ondas incríveis de empatia e compaixão no coração. Eu queria fazer todos perto de mim se sentirem amados, curar os animais que encontrava. Acima de tudo, queria poupar minha mãe da dor.

Quando eu tinha três anos, minha mãe me acordava tarde da noite e me abraçava enquanto chorava e contava histórias de seu passado traumático. Lembro-me de como ela ficava transtornada enquanto as lágrimas escorriam pelo seu rosto. Digeri suas histórias de dor e abuso em meu pequeno corpinho. Eu ficava confusa e espantada; não entendia por que uma pessoa machucaria alguém que amava como a mãe dela a havia machucado. Eu sentia que era minha função cuidar dela, curar seu sofrimento. Quando eu tinha doze anos, já havia sofrido abandono físico e emocional em diversas ocasiões. Tinha sofrido violação do meu corpo físico em lares adotivos. Já vira minha mãe lutar contra o vício, a depressão e tentativas de suicídio, e também criei o hábito de me anestesiar com substâncias. A garotinha sensível em mim se tornou endurecida e resguardada como um mecanismo de proteção. Ninguém conseguiria atravessar meus escudos. Eu me tornei raivosa e barulhenta, maldosa e defensiva. Eu não escutava e, por mais que tentasse, não conseguia receber amor.

Eu usava a *máscara de sobrevivente*, um arquétipo que muitas pessoas encarnam quando passam a acreditar que não estão seguras em sua vulnerabilidade. A máscara de sobrevivente nos protege e emana um ar de ultraindependência, mas, no fundo, o mantra de "Não preciso de ninguém além de mim" é uma resposta a ter sido magoado ou decepcionado quando mais precisamos de apoio. *O arquétipo do sobrevivente foi condicionado a priorizar a autopreservação às custas da conexão.*

Eu era agressiva e estridente porque haviam se aproveitado vezes demais da minha natureza sensível e da minha estatura baixa. Usava uma máscara que dizia ao mundo que eu não me importava. Me isolei completamente da minha sensibilidade e fingi que era intocável, que ninguém poderia me ferir. Mas, sob meu exterior duro, eu sentia muita dor. Eu estava perdida, assustada e desesperada por amor e validação. Professores e pais de colegas me rotularam como "a criança má" porque onde cresci só "crianças más" iam para casas de acolhimento. Os adultos não estavam lá para me proteger ou me manter segura; eles estavam lá para me diminuir. Na minha mente, ninguém estava seguro. Era eu contra o mundo.

Por isso eu fugia.
Brigava.
Anestesiava minha dor com drogas e álcool.
Corria atrás do amor inalcançável de pessoas perigosas.
Meu despertar mais profundo foi catalisado pelo meu divórcio. Foi quando finalmente reconheci quanta dor eu havia guardado em meu corpo. Quão profundamente eu me deixara de lado. Como eu era sensível por baixo de tudo.
Reconhecer nossas máscaras é um dos estágios mais empoderadores da nossa cura. Ao assumir a responsabilidade pelas maneiras como escondemos nossos verdadeiros sentimentos ou nos afastamos da conexão, tiramos essas camadas de proteção e relaxamos nossas defesas. Damos pequenos passos para mostrar nossa sensibilidade até, depois de um tempo, não precisarmos mais dessas máscaras.
Até esse ponto, suas máscaras foram úteis para você. Em alguns casos, elas podem até ter salvado sua vida. Agora você está desenvolvendo uma nova relação com o seu cenário emocional de uma forma que lhe permite permanecer tanto em seus limites como em sua vulnerabilidade.

TESTEMUNHANDO SUAS EMOÇÕES

Não existem sentimentos bons ou ruins. Emoções são energia; elas vêm e vão. Se lhes dermos permissão em vez de resistir, elas vão passar rápido e se transformar. Se as suprimirmos ou rejeitarmos, o poder delas pode crescer e se expressar de diferentes formas — seja pela sensação de aperto no corpo, seja pela perturbação emocional (sentir-se caótico, estar confuso, desconectado ou sem clareza).
Quando temos uma emoção, nosso instinto inicial costuma ser tentar "resolvê-la". Em vez disso, podemos apren-

der a estar presentes com nossas emoções sem deixar que elas ditem nosso comportamento. Embora não possamos controlar nossos sentimentos — nem devemos tentar fazer isso —, é possível decidirmos como reagir a eles.

Há momentos em que nossas emoções são avassaladoras ou intensas demais para processar no momento, e não tem problema. Não precisamos chegar à raiz de cada emoção imediatamente (nem nunca, na verdade). Podemos dedicar ênfase demais em dissecar uma emoção a ponto de ficarmos obsessivos.

Às vezes, o melhor a fazer é sair da sua cabeça e movimentar o corpo! Dançar, correr, caminhar ou realizar movimentos intuitivos são formas de trabalhar com a energia em seu corpo e mudar seu estado de maneira natural. Outras vezes, há um chamado à lentidão, ao repouso e a deixar seu corpo processar sem que sua mente interfira. Ao fazer isso, você pode sentir mais espaço para tomar uma decisão consciente ou agir a partir de uma perspectiva mais equilibrada.

RECORRENDO À RAIVA OU À TRISTEZA

Em minha experiência de trabalho com centenas de clientes, descobri que existem dois modos de expressão principais a que as mulheres recorrem em situações de estresse ou conflito: raiva (fogo) ou tristeza (água). Muitas demonstram raiva entrando na defensiva ou se fechando, ou expressam tristeza agarrando-se ao outro ou provocando culpa.

Para as pessoas que tendem mais ao elemento fogo, nosso trabalho é fazer avançar mais energia de água baixando nossas muralhas e nos permitindo ser vistos em nossa vulnerabilidade e ternura. Se nossa tendência é bloquear a raiva e permitir apenas lágrimas ou tristeza, nos tornamos incapazes de estabelecer limites firmes, esforçando-nos inconscientemente para culpar os outros em vez de pedir aquilo de que precisamos, ou nos sentindo desamparados quando se trata das nossas experiências de relacionamento. Se temos fogo baixo e trabalhamos com um excesso de energia de água, somos atravessados pelas emoções profundas em vez de agir. **O que queremos é uma dança saudável entre os dois, para que possamos nos permitir ser vulneráveis e nos defender ou defender os outros quando necessário.**

Se passamos a maior parte da vida nos isolando do luto ou rejeitando a raiva, pode ser incrivelmente desorientador lidar com essas sensações novas. Não sinta que precisa se apressar para passar por alguma delas.

Caso você esteja em uma fase em que a raiva é sua emoção dominante, pare um momento para ficar com ela de maneira que dê a você acesso mais profundo a seu mundo interior. Se a tristeza for sua emoção dominante agora, aprenda com ela e deixe a emoção fluir por você para que consiga ir além. O importante é lembrar que as emoções são energia e, quando damos permissão para essa energia passar, a transformação acontece.

ACOLHA SUA RELAÇÃO COM A RAIVA

A maioria das pessoas vê a raiva como algo negativo, ou até assustador, porque não temos um modelo de "raiva saudável". Aprendemos a pensar na raiva como perigosa porque, ao longo da história, tanto em nossos sistemas familiares como fora deles, a raiva provocou separação por meio de segredos e traições silenciosas, ou se tornou violenta e destrutiva. Mas a raiva saudável não precisa ser nenhuma dessas coisas.

A raiva é sagrada e válida como qualquer emoção. O que nos machuca não é sentirmos raiva, mas sim a bloquearmos tanto a ponto de ela sair enviesada na forma de explosão, doença ou perda do eu.

A raiva também é a guardiã de outros sentimentos vulneráveis que ficam abaixo da superfície: tristeza, vergonha, medo e insegurança. Embora costumem ser memórias dolorosas, cada uma dessas vulnerabilidades nos diz algo sobre nós. Por exemplo, o medo pode nos dizer quando ter cautela ou como nos apegamos a determinado resultado, e a insegurança pode revelar em que pontos precisamos desenvolver autoconfiança.

Mais do que qualquer coisa, a raiva é um sinal interno que nos alerta quando um limite foi ultrapassado. Se for usada com responsabilidade, nossa raiva pode alimentar a chama da qual precisamos para nos realinharmos com o que sentimos ser certo e verdadeiro para nós. Mas, quando a raiva nos domina, em vez de permitir que ela nos dê forças, podemos nos prender a um estado transbordante de ressentimento. Sentir raiva não torna ninguém menos espiritual. Assim como qualquer outra emoção — amor, tristeza, alegria —, a raiva é parte de estar vivo neste planeta.

Se reprimimos nossas emoções, nos isolamos de nossa expressão máxima. Tolhemos e limitamos nossa criatividade, nossa energia de força vital, nossa paixão e nossa completude. A raiva não é o problema; na verdade, são a reatividade humana e a falta de autodomínio que criam a dor. Acolher sua chama interior, testemunhar a raiva de maneiras saudáveis e aprender a controlar impulsos são medidas vitais para você se tornar integrado e completo.

Quando se sentir em desequilíbrio com seu fogo, você pode trazer os elementos de água e terra para ajudá-lo a se equilibrar. Respire fundo, dê uma volta, vá dar um mergulho no mar ou tome um banho, tire as meias e calçados e sinta os pés na terra — volte para seu corpo. Todos precisamos de um tempo para sair de uma intensidade emocional. Ninguém consegue pensar com clareza ou se comunicar bem quando está arrebatado. Se estiver se sentindo reativo, crie um espaço para se recolher com sua própria energia e encontrar seu centro.

Ao sentir raiva, pergunte a si mesmo

- O que não me pareceu aceitável nessa situação?
- Do que preciso para me sentir seguro, respeitado e importante?
- Estou escondendo minha verdade?
- Preciso remover minha energia dessa pessoa ou situação?
- Preciso agir?
- Existe algum outro sentimento, além da raiva, que estou com medo de demonstrar?
- Que emoções estão por baixo da raiva?
- Preciso mesmo me proteger agora ou minhas defesas foram ativadas?
- Esse conflito ou situação traz algo do passado?
- É hora de explorar a ternura e a vulnerabilidade por baixo da minha raiva?

ACOLHA SUA TRISTEZA

Vivemos em uma cultura avessa às emoções e, assim como a raiva é rejeitada, a tristeza também costuma ser rejeitada e excessivamente patologizada. A tristeza é parte necessária e vital da nossa cura e recuperação. Atravessar o sofrimento é uma arte esquecida. Em vez disso, vivemos em uma era na qual ele é visto automaticamente como um sintoma de depressão, e não como algo a honrar e venerar. Ouvimos com frequência que chorar é uma fraqueza, que a tristeza é uma emoção desnecessária. Sobretudo no mundo da espiritualidade da Nova Era, a tendência é haver uma ênfase excessiva em "sentimentos bons" enquanto se despreza o valor de passar pelo túnel da raiva, tristeza e sofrimento para chegar ao outro lado. Contornar essas experiências é o que nos leva à patologia; processar nossas emoções é o que leva à cura. A tristeza não é inútil ou sem sentido; ela é purificadora. Permita que as lágrimas caiam, honre o processo de purificação e seja paciente com você.

Costumamos resistir à tristeza com medo de que, se nos permitirmos senti-la, vamos ficar presos a ela, e esse medo até que é válido. A tristeza é uma emoção de água; ela pode ficar estagnada, lamacenta ou estrondosamente poderosa. Pense em correntes de rios, cachoeiras e inundações. É uma mensagem para desacelerar e entrar no *ser* em vez de agir. No entanto, se notar que a tristeza está se transformando em amargura ou sentir que ela impede você de se conectar com os outros por um longo período, isso quer dizer que ela tomou conta e está se tornando corrosiva. Nesse caso, a solução é o movimento: dança, alongamento, cantar, fazer barulho. Entre em contato com sua energia de fogo, e busque conexão e apoio nos outros.

Ao sentir tristeza, pergunte a si mesmo

- Como posso ser terno comigo agora?
- Onde em meu corpo me sinto triste?
- Minha tristeza tem palavras?
- O que estou no processo de purificar?
- Se estou me agarrando a algo, qual é a necessidade mais profunda que quero que seja atendida?
- Existe um sentimento, além da tristeza, que tenho medo de sentir?
- Seria bom buscar apoio?
- Está na hora de mudar minha energia ou ainda estou no processo de limpeza?

OS QUATRO ELEMENTOS DA INTEGRAÇÃO EMOCIONAL

Imagine que você seja terra, fogo, ar e água. Cada um desses elementos compõe aspectos diferentes do nosso ser interior, e todos são importantes para a maneira como trabalhamos em nossa vida. Precisamos de um mix de todos os quatro, embora nos expressemos com um ou dois dos elementos mais naturalmente — é o que nos torna únicos. No entanto, quando tendemos demais a um ou dois elementos, podemos estar perdendo certas facetas da energia vital que desejamos. Para algumas pessoas, é a autoestima (terra) ou a expressão sexual (fogo); para outras, é a criatividade (ar) ou a intimidade profunda (água).

Quase todos dão preferência aos estados elementais em que se sentem mais à vontade e se distanciam daqueles com que estão menos acostumados. Veja o fogo, por exemplo — o elemento que nos impulsiona a ser incisivos e sinceros, a levantar a voz quando algo não está certo. Muitos estão desconectados do seu fogo. Temos medo de que nos defender ou impor um limite nos afaste do amor. Ou que, se não aceitarmos o que nos foi dado, vamos ser deixados sozinhos sem nada. Então nos contentamos com menos, muitas vezes criando desculpas sobre por que isso acontece. Mas a energia do fogo, quando usada corretamente, não consome os relacionamentos; ao contrário, ela aperfeiçoa nosso ambiente ao distinguir o que vamos do que não vamos tolerar.

Ao avançar pelas descrições de cada elemento, você consegue identificar de qual tipo se aproxima mais? Ao determinar em torno de qual elemento você gravita, leia a "oportunidade de crescimento" para aprender a incorporar outros elementos em seu ser.

TERRA: *equilibrado, capaz de se acalmar, calmo, racional, teimoso, presente, gentil, acolhedor, materializado, intuitivo*
Os tipos de terra são naturalmente cuidadores e gentis. Embora possam usar mais a lógica do que as emoções, seu elemento também representa intuição, instinto e renovação. Os tipos de terra se orientam em uma realidade fixa, então a mudança pode causar desconforto ou estresse. Eles costumam carregar uma energia bonita e equilibrada e são ótimos ouvintes. Também são conhecidos por criarem ambientes acolhedores que deixam as pessoas à vontade. A terra também rege a segurança e a autoconfiança; em equilíbrio, a terra é a fonte da autoestima elevada e de se sentir à vontade na própria pele.

Oportunidade de crescimento: Quando desequilibrados, os tipos de terra tendem a se preocupar, ficar obsessivos ou autocríticos. Para acessar sua verdade, intuição e emotividade, eles podem recorrer ao elemento água. O fogo também pode auxiliar um tipo de terra a se tornar mais expressivo e materializado. O ar pode inspirar a terra a sair da zona de conforto e brincar mais.

FOGO: *poderoso, inspirador, temperamental, confiante, sexual, intenso, apaixonado, concentrado em agir, determinado*
    Os tipos de fogo podem ser rápidos, apaixonados, ousados e vivos em sua comunicação. O fogo como elemento é transformador: ele tem o poder de engolir ou purificar, dependendo de como é direcionado. Como o fogo carrega muita energia, ele deve ser canalizado em uma direção positiva. Sem ter para onde ir, pode se voltar para dentro e se converter em autoaversão. Os tipos de fogo podem ser fáceis de irritar e agir rápido sem pensar no impacto que sua energia tem sobre os outros. No lado positivo, podemos confiar que eles se expressarão de maneira autêntica e trarão sua verdade quando necessário. Os tipos de fogo são ótimos propulsores de negócios e muitas vezes têm fortes opiniões sobre suas visões e vontades. O fogo proporciona inspiração para agir, criar a mudança necessária e abrir novos caminhos.
Oportunidade de crescimento: Quando os tipos de fogo estão desequilibrados, o que eles mais precisam é diminuir o ritmo e se permitir suavizar, sentir seus sentimentos e abrir espaço para a vulnerabilidade. Recorra ao elemento terra para equilíbrio e compaixão, à água para explorar o corpo emocional e ao ar quando for o momento de vislumbrar um futuro diferente.

AR: *etéreo, pensativo, sonhador, visionário, criativo, sociável, amigável, mentalmente forte, intelectual, volúvel*
O ar tem uma qualidade de movimento constante. Uma brisa agradável e gentil em um dia quente nos lembra da beleza de estarmos vivos. Em um dia de tempestade, o ar pode nos desestabilizar, nos fazendo rodopiar na confusão ou até nos levando para longe. Os tipos de ar podem ser visionários e sonhadores. Eles também são cheios de grandes ideias e planos futuros. Seu dom é compartilhar, escrever, ensinar e oferecer informações. Nos relacionamentos, os tipos de ar costumam ser vistos como distantes ou com dificuldades de criar conexões profundas, embora sintam falta de ser vistos e entendidos. Outros os acham "difíceis de definir" porque estão sempre em movimento físico ou energético. O ar é mais associado à mente e ao intelecto. É o ar que nos traz inspiração, nos impulsiona a avaliar nossas crenças, traçar planos e comunicar nossas ideias.

Oportunidade de crescimento: Como os tipos de ar podem não ter raízes, às vezes eles precisam recorrer ao elemento terra para se ancorar com clareza, o que é especialmente útil ao tomar decisões ou entrar em relacionamentos longos. Eles devem recorrer à água para profundidade emocional e ao fogo para pôr aquelas grandes ideias em prática.

ÁGUA: *emotivo, profundo, sentimental, intuitivo, sensual, feminino, sensível, psíquico*
A água é usada por várias culturas ao redor do mundo em rituais cerimoniais de purificação e limpeza. Banhos de ervas, flores e sais, oferendas e templos de água são vistos como práticas vitais para purgar energias espirituais ou doenças. Como a expressão da água vem em diversas formas, há certa imprevisibilidade nesse elemento. Suave mas po-

tente, vitalizador mas potencialmente destrutivo. Os tipos de água são pessoas sensíveis e sonhadoras, profundas e sábias, com um desejo de conhecer os outros em um nível emocional. Costumam ser aqueles que os amigos chamam quando precisam de apoio emocional, mas também podem ficar facilmente sobrecarregados pelo excesso de emoção e empatia e precisar impor limites.

Oportunidade de crescimento: Seu dom está em ver os outros profundamente, embora, para aproveitar bem esse dom, eles precisem incorporar a autoconsciência e evitar culpar os outros por suas experiências internas. Os tipos de água podem recorrer ao fogo para traçar um limite quando sentir que outros estão se aproveitando da sua energia ou se desejarem apresentar mais paixão, alegria e brincadeira. Podem recorrer à terra para se firmar à realidade e se sentir acolhidos quando estiverem mergulhados nas águas profundas da emoção, e ao ar para ajudá-los a explorar soluções criativas se estiverem atolados ou sobrecarregados.

CRIE UM ALTAR PARA REPRESENTAR OS ELEMENTOS

Fazer um altar é uma maneira de trazer uma consciência maior à energia que você gostaria de cultivar na sua vida. Tudo de que você precisa é um coração e uma mente aberta e alguns objetos que sejam sagrados para você. Encontre um lugar na sua casa que pareça acolhedor e não seja perturbado por animais de estimação, crianças ou outras pessoas. Tem gente que gosta de usar uma mesinha, uma prateleira, o alto da cômoda ou até a base da lareira como seu altar. Se quiser, coloque um belo tecido sobre ele. Os itens em seu altar podem mudar à medida que você avança por fases diferentes de cura e crescimento, e também podem ser colhidos respeitosamente da natureza — flores, pinhas, pedras, conchas, folhas, musgo e até água do mar são lindos componentes de um altar.

Para seu altar elementar, pense em qual elemento você sente que é mais dominante na sua vida agora. Se você tende mais ao fogo ou à raiva e à dificuldade de ser vulnerável, pode colocar uma vela ou outro objeto que represente seu fogo ou padrão reativo que quer suavizar. Ao lado dela, ponha um pote ou copo d'água para representar sua ternura, profundidade e vulnerabilidade. Traga uma flor para representar a suavidade, a abertura e a transformação. Componha sua própria configuração de modo a honrar todos os seus lados e como um convite para utilizar outros elementos que o ajudem a encontrar equilíbrio. Lembre-se: todas as partes de você são dignas de amor, e aquilo que você está confrontando pode vir a se tornar a energia que você vai aprender a canalizar como seu dom.

PASSANDO PELOS GATILHOS EMOCIONAIS

Nossos gatilhos estão associados a nossos temas emocionais fundamentais. Feridas não cicatrizadas são sensíveis e, quando temos uma experiência que ativa uma mágoa do passado, ficamos reativos ou descontrolados antes mesmo de nos dar conta do que está acontecendo. Muitas vezes, não estamos conscientes de quais são os nossos gatilhos, o que torna a experiência ainda mais desorientadora. Sentir-se excluído, abandonado, traído, esquecido, desimportante, controlado, rejeitado ou indesejado são gatilhos emocionais comuns. Ambientes, cheiros e imagens também podem agir como gatilhos. O cheiro de álcool é um gatilho comum para aqueles que cresceram perto de abuso de álcool, ou alguma colônia ou perfume, ou um tipo de ambiente que nos faz lembrar de um lugar que traz memórias desagradáveis.

Ter nossos gatilhos ativados pode nos levar a nos retrair ou agir de formas que não reflitam nossa verdadeira natureza, provocando vergonha e autorrejeição. Mas, com o tempo, é possível construir uma base interna de segurança que nos dê espaço para parar e responder de maneira autêntica, em vez de simplesmente reagir. Sentir-se reativo é incômodo, porém a solução não é criar formas de evitar confrontar nossos gatilhos. Isso seria o mesmo que evitar relacionamentos.

Até os relacionamentos mais saudáveis têm gatilhos e, em si, isso não é um problema — o que importa é como lidamos com eles. Se reagirmos projetando raiva e culpa um no outro, um receptáculo que poderia ser um espaço sagrado para a cura logo se transforma em um ambiente insalubre e perigoso. Do mesmo modo, não podemos usar a culpa para nos levar a um momento de cura; precisamos trazer a autocompaixão e a curiosidade para nosso processo a fim de nos entendermos melhor de verdade.

Quando passamos tempo explorando nossa história e entendendo nossas necessidades mais profundas de amor e aceitação, nos tornamos menos propensos a renegar nossas emoções em momentos de intensidade e, em vez disso, abordamos a questão com vulnerabilidade. **Quando a autoconsciência e a disposição estão presentes, nossos gatilhos se tornam nossos professores.** Eles nos mostram onde fomos feridos e nos convidam a respeitar a dor, a traição e a raiva que nunca nos permitimos sentir no momento do trauma original.

Passar por nossos gatilhos emocionais exige que tragamos consciência plena e presença a nosso corpo e mente. Quando aprendemos a parar no momento em que eles são ativados, podemos escolher nos acalmar em vez de nos revoltar, mandar uma mensagem para o ex, ligar dez vezes para alguém durante um conflito, procurar parceiros indisponíveis ou fazer demandas ansiosas aos outros. A maioria de nós sabe se distrair de suas experiências emocionais, mas aprender a se tranquilizar, aceitar suas emoções e passar por elas são habilidades que precisam ser desenvolvidas.

Da próxima vez que sentir seus gatilhos ativados, encontre um lugar tranquilo e pare um momento para fazer um ritual de tranquilização ou um exercício somático de segurança. À medida que experimentar diferentes práticas ao longo deste livro, anote mentalmente quais ajudaram você a se acalmar e as torne parte do seu kit pessoal de ferramentas.

Práticas de tranquilização

- Preste atenção em onde você está, sinta seus pés no chão e conte sua respiração.

- Dê um passo para trás em seus pensamentos e se observe. Não acredite em cada pensamento que surgir.

- Entre em sintonia e nomeie as sensações no seu corpo. Encontre um lugar no seu corpo que pareça relaxado.

- Faça uma pausa mental da situação e leia um livro por pelo menos vinte minutos.

- Ponha os pés em uma bacia de água morna ou tome um banho de sais.

- Escute uma meditação ou visualização guiada.

Exercício somático: Estou em segurança

Essa prática simples mas poderosa vai ajudar você a regular seu sistema nervoso e se sentir seguro em seu ambiente. Também serve como um lembrete para voltar ao presente, ajudando seu inconsciente a relaxar e saber que você está realmente em segurança (não tem nenhum monstro no armário!).

1. Pare um momento para sentir suas nádegas onde está sentado ou seus pés no chão.

2. Preste atenção em sua respiração e faça algumas expirações longas, soltando um suspiro ao expirar.

3. Olhe para o teto, depois para o chão.

4. Olhe para trás de você.

5. Preste atenção nas sensações em seu corpo enquanto observa o ambiente.

6. Preste atenção em todas as cores, formas ou objetos no ambiente.

7. Enquanto observa, continue em contato com o seu corpo.

8. Preste atenção onde está enquanto se mantém presente em sua respiração e sensações corporais.

9. Diga em voz alta ou em sua mente: "Estou aqui, estou em segurança".

UM REGRESSO À NATUREZA: ESTAÇÕES DE EMOTIVIDADE

Voltar a nós mesmos significa aprender a nos sentirmos em segurança em nosso corpo novamente. Significa reaprender a navegar por nossas grandes emoções com graça, reintegrando as partes de nós que mantivemos escondidas e desmascarar *o eu autêntico*. Voltar a nós é um regresso à sabedoria do nosso coração e à confiança em nosso corpo, nossa intuição e nosso valor. Qualquer que seja seu status de relacionamento, nível de renda ou conquistas externas, você tem uma conexão profunda com o amor, a natureza e o Espírito.

Passar algum tempo na natureza é uma das melhores formas de se reconectar com a sabedoria do seu corpo. Quando estiver ao ar livre, pare um pouco para observar os ciclos da natureza. Você não é tão diferente das plantas ou das árvores. Há muito a aprender sobre si e seu mundo emocional vendo as maneiras como você reflete a natureza.

A ideia de que podemos usar o pensamento para sair dos nossos padrões é uma mensagem problemática perpetuada por uma cultura hiperfocada em sucesso. Colocamos a ação, a completude e a definição de metas em um pedestal e prestamos pouca reverência às nuances da vida. Para estar em sintonia com nosso sistema nervoso, saber do que precisamos para nos sentirmos em segurança e aprender a dar valor à nossa sensibilidade é preciso sair da narrativa dominante e entrar em uma forma mais rítmica de vida. Diminuir a velocidade para respeitar os nossos ciclos e estações é uma oportunidade de voltar a uma forma mais integrada de viver, dançando em harmonia com nossas energias solares e lunares (yin e yang). Pense nas fases que você atravessa na vida como semelhantes às estações da terra.

Nada permanece igual para sempre, nem mesmo sua situação emocional. Enquanto está nessa estação de cura interior, você pode sentir que entrou em um tipo de "inverno", um momento de se voltar para dentro, em que precisa de mais tempo tranquilo, de cuidado e afeto. À medida que nosso mundo interior muda e se transforma, você nota que seus desejos e necessidades também mudam.

Quando você está em um ciclo de primavera, sente vontade de começar algo diferente, enfrentar um desafio e conhecer gente nova. Do mesmo modo, em um ciclo de verão, você tem mais energia criativa e mais disponibilidade para tempo social, vida em comunidade e construção de relacionamentos. Em um ciclo de outono, volta a haver uma virada para dentro, um movimento de preparação para deixar certas coisas para trás. Todas as estações são uma bela oportunidade de aprofundar sua capacidade de experimentar todo o espectro da sua humanidade. Veja em qual estação você está agora e saiba que qualquer lugar em que esteja é válido. Assim como não se pode apressar a natureza, você não pode apressar o próprio processo.

Pontos para lembrar

- Emoções são energia, e elas vêm e vão.
- Não existem sentimentos "bons" e "ruins".
- Você não precisa apressar a mudança, consertar ou resolver suas emoções.
- As emoções não precisam fazer sentido para ser válidas.
- Nem todas as emoções exigem uma resposta ou atitude; às vezes, um pouco de paciência é tudo de que precisamos.
- Quando sua cabeça e seu coração estiverem alinhados, é hora de agir.
- Aprender a diferenciar emoções, sensações e pensamentos desenvolve autoconfiança.
- Acalmar-se pode ser tão simples quanto respirar ou sentir seus pés no chão.
- Abrir espaço para sua realidade emocional conecta você a sua intuição e seus valores fundamentais.
- A natureza é uma bela professora. Deixe os elementos proporcionarem sabedoria e ensinarem sobre sua situação emocional.
- Preencha-se de autocompaixão enquanto volta ao seu corpo. Você saiu por um motivo, então volte com suavidade e compreensão.

Sua criança interior é lar de todas as maravilhas da sua essência inata.

Para ser inteiro, você deve reviver essa parte alegre, curiosa, lúdica, livre e expressiva.

4. Conecte-se com a sua criança interior

Sempre que passeio pela cidade e vejo um estranho, eu me pego tentando imaginar como ele era na infância. Será que era bobão, barulhento e indisciplinado ou quieto e tímido? Do mesmo modo, sempre que vejo alguém agindo de maneira autodestrutiva ou praticando um comportamento nocivo, lembro que essa pessoa, em algum momento, foi o bebê precioso de alguém. Em algum lugar ao longo do caminho, essa criancinha inocente passou por algo que a trouxe à sua realidade atual. Quando vemos todos, incluindo nós mesmos, através dessa lente carinhosa, isso abre espaço para a compaixão, a compreensão e um ponto de acesso espiritual mais profundo para a conexão humana.

Todo mundo tem uma criança interior. Ela é a sua versão inocente e vulnerável. Mais emotiva do que lógica, essa é a parte de você que prefere sentir a pensar. Embora cheia de fascínio, curiosidade e criatividade, nossa criança interior pode abrigar traumas reprimidos, medos e memórias dolorosas — aparentemente deixados no passado, mas na verdade em pleno epicentro do nosso dia presente. À medida que entramos na vida adulta, costumamos cortar relações com a nossa criança interior e, como resultado, nos tornamos pouco conscientes de nossas necessidades emocionais ou de por que agimos como agimos.

Embora nos tornemos adultos, muita gente ainda interage com os outros pela lente do seu eu infantil. A maturidade emocional não é uma garantia da vida adulta; ela é transmitida por modelos saudáveis de cuidadores e outros adultos importantes em nossa vida e da orientação amorosa de que todos precisamos para crescer. Mas muitos de nós foram criados por pais que não entendiam inteiramente seu próprio mundo interior e, portanto, não conseguiram nos ensinar a cuidar do nosso.

A maneira como nos comportamos em relacionamentos é reflexo da nossa maturidade emocional. Conflitos prolongados, joguinhos, comunicação dramática e birras adultas costumam acontecer quando uma criança interior machucada assume o comando. Muitos entram em um relacionamento com uma longa lista de expectativas dos parceiros, algumas razoáveis, outras não. O apetite das nossas demandas por atenção e validação é reflexo de como alimentamos nossa criança interior naquela época.

O trabalho da criança interior, o trabalho que vamos fazer aqui juntos, é uma maneira de curarmos nossas necessidades não atendidas que nos seguem até as relações adultas. Ao entrar em contato com nossa criança interior em diferentes idades, podemos voltar a explorar a experiência emocional que tivemos na época e encontrar novas maneiras de cuidar dessas partes de nós.

Tenha em mente que é quase impossível para um pai atender a todas as necessidades de um filho. O que uma pessoa pode ver como um comportamento cuidadoso, outra pode ver como dominador. Mesmo que seus pais tenham sido cuidadores gentis e amorosos, é provável que você ainda tenha necessidades não atendidas ou partes da sua infância que tragam uma carga emocional. Esse processo não tem a intenção de culpar seus pais nem ninguém mais, e sim desenvolver uma linha de comunicação direta entre suas versões infantil e adulta para que você possa incorporar a maturidade emocional e a sabedoria em seus relacionamentos. É assim que entramos no *adulto integrado* dentro de cada um de nós.

Responsável por nossa realidade emocional, nosso adulto integrado *também* tem a capacidade de considerar a realidade emocional da outra pessoa. Isso significa estar em contato profundo com nossas emoções, perceber as sensações em nosso corpo e observar nossos pensamentos, e assim identificarmos e comunicarmos grandes emoções. Nosso adulto integrado é quem nos permite permanecer fiéis a nós mesmos durante um conflito e agir a partir de um lugar de equilíbrio, em vez de responder com raiva, dar um chilique ou nos fechar. É como vivemos no presente, não mais regidos por nossas influências ou experiências passadas.

Só é possível nos tornarmos essa versão integrada de nós quando aprendemos a aceitar todas as qualidades rejeitadas da nossa criança interior e testemunhá-las com amor em vez de tentar erradicá-las ou suprimi-las. Para isso, é preciso aceitar a carência, a impaciência, o ciúme, *tudo*. É assim que nos tornamos inteiros, criamos uma relação indestrutível conosco e estabelecemos as bases para o amor saudável.

À medida que você começa a abrir canais de comunicação com a sua criança interior, você certamente encontrará novas alegrias, inocência e criatividade; também irá reconhecer maneiras como ela o levou a agir na vida adulta. Quero que você se lembre de que, enquanto faz esse trabalho, tudo que descobrir sobre si é valioso. Você não é o único se tiver agido de maneiras das quais não se orgulha em seus relacionamentos. Não há absolutamente nada do que se envergonhar. Se você perseguiu, afastou ou testou o amor até que ele acabasse, sua criança interior podia estar chorando por amor e atenção.

Esse é um convite para começar a dar ouvidos a essa voz interior. Você vai encontrar força, clareza, alegria, cura, libertação e muito mais. Traga consigo compaixão, gentileza e aceitação enquanto dá os próximos passos para recuperar o seu eu.

O PRESENTE DO ARQUÉTIPO DA CRIANÇA

Se você já passou algum tempo com crianças ou se tem filhos, sabe que elas não costumam se conter em nenhum sentido. Se estiverem felizes, estão felizes; se estiverem tristes, estão tristes; se estiverem com raiva, vão demonstrar e não estão nem aí para quem estiver olhando!

Com a maturidade, aprendemos a calibrar nossa expressão emocional e levar o momento e o lugar em consideração. Se expressássemos nossas emoções plenamente o tempo todo, estaríamos tendo chiliques na cozinha ou dançando em cima das mesas do trabalho. Em vez de integrarmos nossa criança interior, tendemos a deixá-la para trás porque em algum lugar do caminho nos ensinaram que é perigoso ser vulnerável, que nossas emoções não são bem-vindas ou que não é aceitável expressar alegria pura. Embora alguns filtros sejam necessários para nossa vida cotidiana (como decidir *não* ter um chilique no trabalho), acabamos indo longe demais e perdemos o contato com essa parte sem filtro de nós. Guardamos nosso coração, escondemos nossa verdade, disfarçamos sentimentos de mágoa e partimos para o ataque em vez de nos mostrarmos vulneráveis. Despertar nossa criança interior pode nos ajudar a relaxar esses padrões autodestrutivos e encontrar a paz.

Despertar nossa criança interior nos permite

- Aproveitar mais alegria e deslumbramento todo dia.
- Acessar todo o espectro da sua realidade emocional.
- Ativar seu lado curioso, criativo e brincalhão.
- Ter a mente aberta.
- Viver em autoexpressão total.
- Aceitar seus sonhos e desejos.

REFLETINDO SOBRE A SUA INFÂNCIA

Pense em quando era criança; você se lembra da sua infância? Algumas pessoas não e, se esse for o seu caso, não se preocupe: você ainda pode criar uma conexão e curar a relação com a sua criança interior. Mas, se tem memórias, como foi a sua infância? Seus pais eram emocionalmente disponíveis ou distantes? Suas grandes emoções eram validadas e abrigadas ou punidas e diminuídas? Como era o clima emocional na sua casa — havia alegria e celebração, conversas abertas e francas sobre sentimentos? Ou sua família era condicionada a varrer as coisas para debaixo do tapete, a ver as emoções como problemas a serem resolvidos e a guardar segredos? Você se sentia celebrado ou criticado?

Quando eu era bem pequena, não sentia que havia um espaço seguro para as minhas emoções. Minha mãe não entendia a emotividade nem o papel dela como mãe e o meu como filha; ela levava tudo que eu dizia e fazia para o lado pessoal. Lembro-me de ter uma conversa com ela alguns anos atrás em uma viagem de carro, e ela mencionou que tivemos uma grande briga quando eu tinha dois anos. "Nós tivemos uma grande briga quando eu tinha dois anos?", perguntei. Como era possível, eu era apenas uma bebê! "Começamos a berrar uma com a outra", ela disse. Perguntei se ela entendia que, como mãe, era seu papel abrir espaço e me ajudar a entender como processar minhas emoções, e ela falou: "Eu não fazia ideia! Sempre pensei que era uma coisa pessoal!".

Valorizei sua honestidade e coragem de admitir que ela não contava com linguagem emocional para cuidar de mim como uma criança. Nossa conversa me esclareceu como tive poucas orientações para aprender a validar minhas emoções ou pedir ajuda quando precisava.

O comportamento avesso a emoções dos pais não é reflexo do amor deles pelo filho, mas sim um sintoma de sua própria desconexão e da falta de acolhimento que receberam quando eram crianças. Pais que foram criados em casas emocionalmente inseguras tendem a passar adiante um ambiente emocional semelhante para os filhos. Mesmo assim, não são as rupturas de conexão entre pais e filhos que nos machucam no longo prazo, mas é a falta de reparação — reconhecimento ou um pedido de desculpas — que nos impede de nos curar.

Feridas emocionais ou psicológicas na infância são a origem da *criança interior ferida*. Quando crescemos desconectados das nossas emoções, temos dificuldade em confiar nos outros, pedir ou receber apoio ou demonstrar nossa vulnerabilidade por medo de sermos rejeitados. Nos diminuímos e aceitamos menos do que merecemos apenas para preencher o vazio ou reviver um cuidador muito crítico do passado continuando a nos menosprezar ou nos deixar para baixo. Essa é a origem da criança interior ferida. Curar a criança interior ferida, assim como fortalecer novas vias, exige prática e disposição para encontrar novas partes suas com graciosidade.

Quando descobrimos como entrar em nosso adulto integrado, somos capazes de dar e receber amor e pedir apoio, ao mesmo tempo que delineamos limites adequados. Também conseguimos cuidar de nós mesmos em momentos de estresse elevado, luto ou conflito em vez de afastar as emoções ou projetá-las nos outros.

Sinais de uma criança interior ferida

- Convicção profunda de que tem alguma coisa errada com você.
- Medo de abandono e perda de amor.
- Sensação de insegurança ou de que não é bom o suficiente.
- Baixa autoestima e discurso interior negativo.
- Perda de identidade na tentativa de conseguir aprovação dos outros.
- Medo de impor limites ou dizer "não".
- Buscar gratificação instantânea por meio de substâncias, compras, distração e procrastinação.

TRAGA SUA CRIANÇA INTERIOR À CONSCIÊNCIA

Quando não estamos em contato com as necessidades e a voz da nossa criança interior, podemos inadvertidamente agir em relacionamentos pela lente dela. Vemos os outros como uma fonte da energia, do amor, do acolhimento, da proteção e da aceitação que a nossa criança interior deseja. Inconscientemente, carregamos expectativas pesadas de que nossos parceiros serão tudo que nunca tivemos dos nossos pais na infância. Embora os relacionamentos possam ser curativos e profundamente enriquecedores, eles não têm a capacidade de preencher todas as peças que faltaram em nossa infância nem de mudar o passado. Portanto, quando nossos parceiros não atendem a essas expectativas, revivemos a dor e agimos inconscientemente de maneiras destrutivas, sem fazer a menor ideia de que é a nossa criança interior ferida que está causando o estrago.

Isso não quer dizer que precisamos calar nossa criança interior; na verdade, é o contrário. É a rejeição da nossa criança interior ferida que causa problemas. Para nos expormos de maneira mais autêntica em nossos relacionamentos, precisamos trazer nossa criança interior para a consciência, escutar seus medos, sonhos e desejos, descobrir quais traumas ou memórias do passado precisam de cura e acolhê-los. **Quando um diálogo saudável se forma entre a nossa criança interior e a nossa versão adulta, o resultado é o adulto integrado.**

Ao mesmo tempo, assim como daríamos ouvidos a uma criança mas não deixaríamos que ela dirigisse nosso carro, devemos reconhecer nossa criança interior mas não deixar que ela guie nossa vida. Quando nossa criança interior ferida assume a direção, nos comportamos de maneira imatura em nossos relacionamentos, dando chilique, culpando, reagindo impulsivamente, mentindo, fazendo exigências injustas ou nos recusando a ceder. Também internalizamos todas as críticas ou negligências que sofremos na infância e nos tornamos nossos piores inimigos. Cuidar energeticamente da sua criança interior é usar a sabedoria da sua versão adulta e ouvir com empatia a voz da criança que quer ser ouvida e, então, responder com maturidade. É tornar-se a fonte de proteção e amor acolhedor que provêm do fundo do seu ser — de sua mãe e seu pai interiores.

A maioria das pessoas provavelmente nem sonharia em falar com uma criança inocente da maneira como falamos conosco dentro da nossa cabeça ou em ignorar um ser pequenino que está em sofrimento emocional. Então por que tentamos refrear nossas necessidades e ignorar nossa criança interior quando ela mais precisa de nós? Reconectar-se à criança interior é uma chance de mudar a maneira como você fala consigo e dar a si mesmo a gentileza e empatia que merece.

Em um relacionamento, a criança interior ferida

- Tem dificuldade para entender e expressar emoções.
- Espera que o parceiro saiba o que ela quer sem dizer nada.
- Fica em silêncio quando está magoada ou chateada em vez de se manifestar.
- Ignora a experiência do parceiro e espera que ele esteja disponível incondicionalmente.
- Grita, berra, ataca ou dá chilique quando se chateia.
- É autocentrada durante o conflito e tem dificuldade para considerar realidades alternativas.

Em um relacionamento, o adulto integrado

- Conecta-se com suas sensações corporais e emoções.
- Identifica suas necessidades e se comunica com clareza.
- Pede claramente aquilo que quer.
- Permanece fiel a si mesmo no conflito.
- Define e respeita seus limites.
- Dá espaço para que sua criança interior tenha grandes sentimentos.
- Pratica o amor-próprio e o autocuidado.

A DANÇA ANSIOSA-EVITATIVA

Depois de dois meses de relacionamento com Ben, começamos a fazer tantra em grupo e treinamento de trabalho de sombra juntos. Passávamos de três a nove horas por semana praticando e estávamos no caminho de ter uma "relação consciente". Mas, embora tivéssemos o desejo e a disposição, no geral não éramos tão maduros emocionalmente quanto pensávamos, e isso repercutia quando estávamos em conflito. Éramos duas pessoas profundamente comprometidas com o trabalho interior, e Ben também é terapeuta, mas lá estávamos nós fazendo a *dança ansiosa-evitativa* um com o outro!

Acontecia assim: tínhamos um conflito, os dois ficavam emocionalmente desregulados e as coisas pioravam. Ben se afastava, e eu forçava mais e exigia que nos esclarecêssemos ou processássemos a situação imediatamente. Eu tinha certeza de que era a consciente e que ele era o evitativo, e que cabia a ele resolver o problema que estávamos tendo. Naturalmente, como eu era a pessoa pronta e disposta a processar as coisas, também acreditava que via a situação com clareza e, por causa dessa convicção, conseguia dizer claramente tudo o que ele estava fazendo de errado. Muito pouco da minha psicanálise era passada em *meu* processo interno.

Depois de fazer essa dança por cerca de um ano e meio, chegamos a um momento muito crítico. Eu estava exausta de me sentir emocionalmente abandonada e rejeitada quando mais precisava, e ele estava exausto de se sentir um fracasso. Nenhum de nós estava vencendo, e os dois queriam encontrar uma saída. Certo dia, caiu a ficha de que esse tempo todo eu estava tentando consertar o padrão tentando *consertar o meu namorado*. Em vez de pensar em por que Ben sentia necessidade de se afastar ou o que poderia estar acontecendo com ele quando se sentia cansado e se fechava ou saía de casa e ia à academia, eu estava convencida de que era porque ele não se importava, não tinha sentimentos ou simplesmente não estava pronto para "fazer o trabalho". Era muita arrogância da minha parte!

Quando o chamei para conversar sobre o padrão em que estávamos, ele devia estar esperando mais um monólogo sobre o que poderia fazer para comparecer, mas, em vez disso, eu lhe pedi desculpas por ser tão autocentrada. Falei que achava que via o padrão com clareza, mas também percebi que vinha deixando toda a responsabilidade nas mãos dele, em vez de me apropriar das minhas emoções e aprender a me tranquilizar. "De agora em diante, se você não conseguir me dar espaço durante um conflito, vou para outro cômodo dar espaço para a minha criança interior", eu disse. Nesse momento, estávamos na fase de disputa de poder da relação, então outro conflito logo surgiu e aproveitei a oportunidade para praticar. Em vez de fazer exigências a Ben ou me agarrar a ele, avisei que iria processar minhas emoções.

Com as mãos no coração e na barriga, fechei os olhos e fiz longas respirações profundas, e afirmei que era seguro sentir toda a intensidade que estava brotando no meu corpo. Notei medo, pânico, desconforto e, então, entrega enquanto continuava a atravessar a dor em vez de fugir dela.

Quando deixei minha criança interior falar, ela me contou do seu medo de ficar sozinha, e vi que esse tempo todo eu estava ignorando meu trabalho interior me concentrando em tentar consertar meu parceiro.

O que quase tinha sido a gota d'água em nosso relacionamento se transformou em um presente. O afastamento de Ben me deu a oportunidade de voltar a conhecer a minha criança interior e suas necessidades, recuperar a segurança dentro de mim e aprender a me acalmar quando necessário. Se ele tivesse entrado com tudo toda vez que tínhamos um conflito e eu estivesse com os gatilhos ativados, eu não teria essa oportunidade para desenvolver um estilo de apego mais seguro e saudável dentro de mim.

Como resultado de assumir a responsabilidade por minhas próprias emoções e dar a Ben o espaço de que ele precisava, sua energia também mudou, e ele começou a se aproximar de mim e se sentir pronto para resolver os conflitos de antemão. Agora não fazemos mais a dança ansiosa-evitativa. Mas foi preciso muito tempo para chegarmos a esse ponto, e isso não aconteceu pela força; aconteceu pela rendição. Nós dois nos voltamos para dentro primeiro antes de estarmos prontos para nos voltar para o outro de forma madura e consciente.

Compartilho essa história em quase todos os meus workshops e cursos on-line porque a maioria das pessoas com quem trabalho já passou por essa dança ansiosa-evitativa de uma forma ou de outra. Aprender sobre nossos estilos de apego é uma forma poderosa de entender a nós mesmos e a dinâmica que encontramos dentro de nós. Cada espaço que damos para nos sentir à vontade em nosso corpo libera energia para relaxar no amor em vez de fugir dele.

Na raiz do nosso ser, somos feitos para nos apegar aos outros. O apego saudável é aprender a dar e receber amor sem nos abandonar. Quando nossas necessidades de apego — coisas como toque físico, a presença amorosa constante de um cuidador, sintonia emocional, acolhimento e limites — não foram atendidas no começo da vida, podemos ainda sofrer com a perda do eu. Isso se traduz em se sentir absorvido pelo outro sempre que sentimentos fortes estiverem envolvidos (isso se aplica tanto a familiares como a amigos e parceiros românticos) ou em medo de abandono. Ou podemos ter nos acostumado a reações instintivas de correr atrás e perseguir ansiosamente, fechando-nos durante um conflito ou evitando toda e qualquer intimidade. Todos esses comportamentos se originam em uma infância que não ofereceu uma base saudável e segura a partir da qual agir em relacionamentos. No entanto, os estilos de apego não são fixos, mas fluidos, e com disposição podemos todos entrar em um apego seguro.

POR QUE APRENDER A SE ACALMAR

Desenvolver a capacidade de se acalmar não significa afastar os outros ou ser ultraindependente. Na verdade, aprender a tomar posse da nossa realidade interna é o que nos capacita a saber do que precisamos e a pedir apoio de pessoas que realmente possam estar lá para nos apoiar.

Quando estamos em pânico e precisamos desesperadamente de alguém para nos salvar das nossas grandes emoções, nós nos perdemos. É então que somos mais propensos a afastar as pessoas ou correr atrás de gente indisponível ou perigosa. Acalmar-se é importante para todos os adultos. Não é função do nosso parceiro nos resgatar dos nossos sentimentos, e se não soubermos atravessar o que surge dentro de nós vamos projetar, culpar, agarrar, correr atrás ou perseguir nosso parceiro de maneira injusta.

Acalmar-se é empoderador porque nos dá a capacidade de nos entender — de modo que saibamos quando nos conter e quando buscar apoio. Diminuir a velocidade, escutar nosso corpo e nos comunicar com nossa criança interior nos permite pausar e reagir de maneira madura. E sermos responsáveis por nossa energia e nossas emoções significa que podemos voltar a nós em vez de sair do corpo quando as coisas ficam intensas demais.

Meditação de Cura da Criança Interior

Da próxima vez que se sentir inseguro, ansioso, sobrecarregado, triste, fechado ou reativo, encontre um lugar tranquilo e faça essa visualização. Uma versão em áudio guiada (em inglês) da minha Meditação de Cura da Criança Interior também está disponível para download em SheleanaAiyana.com.

1. Deite-se na cama com os olhos fechados e ponha as mãos na barriga e no coração. Faça algumas respirações profundas e exale toda a tensão do corpo. Visualize uma luz entrando em seu corpo e comece a relaxar.

2. Note as sensações em seu corpo — note suas emoções e dê nome a elas. Veja se consegue também localizar em que lugar a emoção se localiza no seu corpo.

3. Agora, visualize-se com sua criança interior. Perceba o ambiente em que você e sua criança interior estão juntos. Você está na antiga casa da sua família? Está no seu quarto? Está em algum lugar na natureza?

4. Cumprimente sua criança interior e pergunte como ela está se sentindo, então apenas escute. Pode ser que ela tenha muito a dizer e pode ser que fique em silêncio. Se ela não quiser falar, apenas permaneça ali com ela e a envolva de amor. Convide sua criança interior a se sentar no seu colo ou se aconchegar em você. Deixe que ela escolha.

5. Diga à sua criança interior que você é o adulto e vai mantê-la em segurança. Diga a ela que não tem problema sentir. Diga que você não irá a lugar nenhum e que vai sempre cuidar dela, escute o que ela diz e dê espaço para que ela se expresse.

6. Pare um momento para dizer palavras gentis e amorosas para a sua criança interior. Se não souber o que dizer, tente alguma destas afirmações: Estou aqui do seu lado, Você é totalmente bem-vinda, Vou proteger você, Eu te amo.

7. Dê um presente para a sua criança interior, como um ursinho de pelúcia, para simbolizar a conexão que vocês têm agora. Visualize um abraço caloroso com a sua criança interior e respire junto com ela. Imagine a sua criança interior se dissolvendo em você, conforme vocês vão se tornando um só. Guarde esse sentimento enquanto continua a respirar.

8. Perceba as sensações em seu corpo, e perceba o que está sentindo agora. Observe os lugares do seu corpo que estão mais relaxados e seguros do que antes. Respire fundo mais algumas vezes, mexa os dedos dos pés e estique os braços e as pernas.
9. Abra os olhos e olhe ao redor. Entre em sintonia com seu ambiente e diga: "Estou em segurança aqui".

Volte a esse processo toda vez que precisar se tranquilizar. Ao negar ou reprimir suas emoções, sua criança interior sofre. Como adulto, você pode agora começar a ser "pai" da sua criança interior manifestando amor-próprio e compaixão quando as emoções surgirem. O trabalho da criança interior não é algo que se faz até acabar; é uma prática para a vida toda de ser sensível e acolhedor com as partes mais vulneráveis do seu ser. Entrar em você e prestar atenção às visões e imagens que recebemos também nos conecta mais profundamente ao Espírito. Meditação, música e tempo na natureza são os antídotos à sensação de isolamento. Podemos estar sozinhos mas conectados, e é quando estamos nas profundezas que conhecemos novas partes de nós.

RITUAIS DA CRIANÇA INTERIOR

Conectar-se com a sua criança interior pode ser uma parte fluida da sua prática diária. É uma bela forma de usar regularmente o lado direito do cérebro e liberar mais qualidades criativas, intuitivas e visionárias. Caso sinta alguma resistência a esse trabalho, ela pode ser exatamente o você precisa. Às vezes somos resistentes porque temos medo do que podemos enfrentar no processo ou não ficamos à vontade em ser a criança porque, durante a maior parte da vida, sentimos que fomos mais os pais.

Criar uma relação acolhedora e espiritualmente conectada com a sua criança interior por meio de rituais é um bálsamo curativo para o coração e a alma, uma jornada de volta à inocência. Vezes e mais vezes, esse trabalho me levou de um lugar de medo e afastamento para um lugar de aconchego genuíno e unidade com o Espírito. Os rituais e meditações a seguir são as práticas que usei ao longo dos anos em minha cura pessoal, e tenho o maior prazer em compartilhá-los com você agora.

Para começar, pode ser preciso separar tempo pelo menos uma vez por semana para fazer um dos rituais a seguir e, então, aumentar a frequência até se tornar uma prática diária. À medida que sua relação com sua criança interior se desenvolve, você vai ver que sente uma conexão com essa parte sua o tempo todo. Quando surgirem dificuldades na vida e as tendências do seu eu infantil vierem à tona, você terá consciência para ouvir com atenção e, então, responder com a sabedoria do seu eu adulto.

- Faça uma varredura corporal — entre em sintonia com as sensações físicas.
- Feche os olhos, visualize sua versão infantil e crie um diálogo. Pergunte coisas como "O que você está sentindo?" e "Do que você precisa agora?".
- Faça um desenho, pinte ou crie uma arte que reflita sua criança interior. Imperfeição é perfeição!
- Alimente sua criatividade e faça algo que você amava fazer quando era criança.

- Escreva uma carta para a sua criança interior com a energia da sabedoria do seu pai ou mãe interno.
- Use mantras como "Você está em segurança" e "Estou aqui para cuidar de você".

Um altar para celebrar a sua criança interior

Escolha uma foto sua da infância para colocar no seu altar junto com sua flor favorita e uma pequena vela. Se não tiver uma foto, você pode escolher uma imagem que represente sua versão criança. Ao lado dela, reúna alguns itens que representem sua criança interior, como um ursinho de pelúcia, um doce favorito da infância ou um objeto especial. Esses itens devem ser específicos para quem você era quando pequeno e despertar uma sensação de vida, energia e memória. Ao olhar para o seu altar, passe um momento enchendo o coração de amor e aceitação pela sua criança interior. Em seguida, escolha uma forma como gostaria de acessar seu pai ou mãe interior e acolher sua criança nesse dia.

Pontos para lembrar

- Sua criança interior deve ser acolhida e integrada, não rejeitada ou evitada.
- Uma conexão saudável com a sua criança interior vai ajudar você a ter mais autenticidade.
- Ao curar sua criança interior, você relembra sua abertura com o espírito e a natureza.
- Esse trabalho implica ouvir sua criança interior com atenção e, então, responder com seu sábio adulto interior.
- Sua criança interior também abriga alegria, criatividade e capacidade de celebrar a vida. Permita-se brincar, rir e se divertir.

PARTE DOIS

CURE O SEU PASSADO

Minha criança, você nunca foi abandonada.
Sempre estive a seu lado, amando você
incondicionalmente. Você apenas se esqueceu
de que é uno com o universo. Lembre-se de quem
você é e volte para casa. Deixe-se envolver
no abraço divino da lua e das estrelas.
Tudo em você é perfeito.

ESPÍRITO

5. Curando a ferida de abandono

O que nos leva a perseguir as pessoas ansiosamente ou pressionar alguém que acabamos de conhecer a assumir um compromisso? O que está por trás do medo intenso de rejeição, da sensação angustiante de ser indesejado ou do impulso de provar nossa importância quando alguém dá sinais de que está emocionalmente indisponível? Por que tanta gente se sente mais atraída por uma pessoa que não é saudável do que por alguém com quem é possível cocriar uma parceria duradoura?

Essas são as perguntas para as quais muitos de meus leitores e clientes querem as respostas, e são a força por trás dos padrões de relacionamento que buscamos sem parar.

Na origem da busca de quase todo ser humano por um relacionamento está o anseio profundo de ser desejado, visto, ouvido e compreendido. Esse anseio cresce quando há trauma ou uma experiência de ser indesejado, invisível, negligenciado ou incompreendido. O que costuma haver no rastro dessas mágoas passadas é uma *ferida de abandono*.

A ferida de abandono é tão forte que pode permear todas as áreas da nossa vida, ditando nosso comportamento no trabalho, em casa com nossa família e em nossas amizades e relacionamentos românticos. Quando a ferida de abandono está ativa e não cicatrizada, construir uma relação segura e amorosa pode ser completamente impossível.

Ter uma ferida de abandono não é puramente um constructo ou estado mental; ela fica entrelaçada no sistema nervoso, onde formamos respostas habituais e adaptativas para garantir a sobrevivência. Quando não é tratada, ela pode formar *respostas mal adaptadas* — evitamento, retração, comportamento passivo-agressivo, raiva descontrolada e abandono da identidade, entre outras. Esses são os tipos de respostas que nos impedem de estabelecer conexões saudáveis com as pessoas. Largar antes de ser largado, nunca baixar a guarda e perseguir pessoas indisponíveis de maneira ansiosa são ecos de uma ferida de abandono.

ABANDONO EMOCIONAL

Certa vez, trabalhei com uma mulher chamada Jade que tinha seus gatilhos incrivelmente ativados sempre que o parceiro precisava de espaço em um conflito e ela não fazia ideia do porquê. De modo geral, seu relacionamento com os pais era bom. Ela não conseguia pensar em nada que causasse tamanha agitação nela, mas quando conversamos mais sobre sua infância ela compartilhou que sempre que sentia uma grande emoção ou expressava sua raiva era mandada na mesma hora para o quarto para ficar sozinha. Ela se lembrava de se sentir emocionalmente sobrecarregada, assustada e abandonada nesses momentos. De repente, ela ligou os pontos e encontrou seu tema emocional fundamental. A maneira como se sentia no passado era exatamente como vinha se sentindo em seu relacionamento.

Isso iniciou um grande momento em que a ficha caiu para ela. Jade viu como a necessidade de espaço do seu parceiro em um conflito a levava de volta àquele tempo e a fazia agir a partir da sua ferida, lançando acusações ou declarações que afastavam seu parceiro ainda mais. Para o futuro, Jade decidiu tentar fazer uma pausa quando sentisse vontade de descontar a raiva e manifestar empatia pela parte dela que tinha medo de ser abandonada. Ela sabia que a mudança não aconteceria da noite para o dia, mas estava comprometida a desenvolver mais confiança e respeitar os limites do parceiro em um conflito.

Quando falo com as pessoas sobre a ferida de abandono, elas logo pensam no abandono literal pelos pais. Elas podem apresentar todos os sinais e sintomas de uma ferida de abandono ativa mas não se sentem justificadas se cresceram "em uma família normal" ou tinham os dois pais presentes. No entanto, essas feridas podem se formar quando nos sentimos emocionalmente abandonados e em muitas outras experiências que são comuns a uma vasta maioria de humanos neste planeta. Algumas tradições espirituais até acreditam que a ferida de abandono original ocorre quando nascemos neste mundo e o cordão umbilical é cortado.

É quase inevitável que a maioria das pessoas chegue à vida adulta com algum tipo de ferida de abandono. E, embora algumas tenham histórias que pareçam extremas e outras histórias que possam parecer leves, não há necessidade de comparar percursos para validar nossa experiência. Cada uma das nossas histórias pode ser diferente, mas a ferida é a mesma. A beleza de curar a ferida de abandono é ir além da ideia de que somos defeituosos ou incompletos e relembrar nossa conexão com a natureza e com o amor divino que existe ao nosso redor e dentro de nós.

Feridas de abandono podem se formar quando

- Algum dos pais nos deixa ou morre.

- Algum dos pais está fisicamente lá mas é emocionalmente indisponível.

- Algum dos pais é fisicamente ausente (por exemplo, nunca ter conhecido um dos pais ou ser adotado).

- Tivemos uma complicação de saúde na infância ou no parto que exigiu cirurgia, hospitalização ou separação de algum dos pais.

- Algum dos pais ignora, castiga ou nega nossa experiência emocional.

- Algum dos pais se distancia por um tempo (de férias, em uma viagem a trabalho etc.) e não entendemos sua ausência.

- Nossos pais passam por um divórcio litigioso, se casam novamente ou há infidelidade.

- Algum dos pais tem uma doença crônica e não está disponível para atender nossas necessidades emocionais e físicas.

- Somos mandados para longe quando não queremos ir (para a casa dos avós, colônia de férias etc.).

- Em nossa vida adulta, alguém próximo parte de maneira abrupta, nos trai ou morre.

A FERIDA DE ABANDONO ATIVADA

Nossa ferida de abandono pode ser ativada de maneiras quase imperceptíveis sempre que interagimos com pessoas que significam muito para nós. Em um nível sutil, surge a sensação de que nunca estamos em segurança ou que, a qualquer momento, algo bom vai ser tirado de nós. É a experiência de esperar constantemente pelo próximo golpe. Muitos dos meus clientes descreveram a sensação física da ferida de abandono se ativando como uma sensação quente, intensa e assustadora ou como se quisessem sair da própria pele. É aí que criar um ritual diário de entrar em sintonia com o seu corpo e praticar um retorno gentil ao centro é especialmente útil.

Sintomas de uma ferida de abandono ativada

- Sentir-se ameaçado quando alguém que você ama faz críticas negativas.
- Agradar às pessoas para conservar o amor.
- Não conseguir deixar que os outros tenham sua própria experiência.
- Controlar as outras pessoas.
- Sentir ansiedade por ser abandonado, imaginar o pior.
- Prever catástrofes mesmo em pequenos conflitos.
- Formar alianças codependentes, escolher confiar apenas em uma pessoa e demonizar todas as outras.

- Regredir à sua versão infantil durante um conflito.
- Evitar conversas difíceis, imposição de limites ou compartilhamento de sentimentos que possam desestabilizá-lo.
- Procurar comprometimento de pessoas perigosas ou indisponíveis.
- Avançar rápido demais com novos parceiros antes de conhecê-los bem.
- Castigar parceiros com o silêncio em vez de se comunicar com clareza.
- Afastar o amor, tendo dificuldade para receber ajuda, afeto ou presentes.
- Sentir mais interesse ou entusiasmo depois da rejeição.
- Perder-se em outras pessoas e abandonar os próprios hobbies, objetivos ou amizades em favor de um novo interesse amoroso.
- Sentir insegurança e muitas dúvidas.
- Apegar-se a um ex com uma intensidade que pode ser devastadora.

ABANDONO DA IDENTIDADE

O medo do abandono pode, ironicamente, levar ao abandono da própria identidade. Quando nos preocupamos com o medo de sermos deixados ou não sermos amados pelos outros, negamos nossas próprias necessidades, refutamos nossa realidade e suprimimos nossa experiência emocional para manter a paz no relacionamento. Mas são grandes as consequências quando abandonamos nossa identidade.

No centro de todo comportamento para agradar as pessoas está a convicção de que devemos nos contorcer para caber na vida dos outros. A realidade é que devemos criar espaço dentro da nossa própria vida para que as pessoas certas venham ou vão com base nesse alinhamento. O abandono da identidade acontece quando temos uma necessidade ou desejo e não falamos por medo de sermos rejeitados. Ele se manifesta naqueles momentos em que largamos tudo quando alguém liga mesmo quando tínhamos planos ou quando paramos de nos dedicar a nossas amizades porque estamos envolvidos em um interesse amoroso. Acabar com esse ciclo de abandono da identidade começa quando eliminamos as camadas do nosso medo de abandono e nos assumimos — com todas as nossas falhas.

Também significa assumir riscos, nos expressar, impor limites quando algo não parece certo e assumir uma posição sobre assuntos que são importantes para nós. Não nos dispomos a fazer essas coisas se nossa maior prioridade é manter o amor a todo custo. *Para desenvolver uma relação verdadeiramente consciente, precisamos estar dispostos a nos permitir ser vistos em nossa verdade, na posse clara dos nossos desejos.*

Sinais de abandono da identidade

- Se apaixonar muito rápido por pessoas novas.
- Largar tudo por alguém por quem você sente atração.
- Ignorar sinais de alerta ou sinais óbvios de desinteresse.

- Fingir ser quem não somos para ter aprovação.
- Passar todo o tempo envolvido em um novo interesse amoroso, deixando amigos próximos de lado.
- Usar as redes sociais para espionar um ex ou sua nova companhia.
- Extrapolar limites que nos impusemos.
- Usar álcool ou outras substâncias para evitar sentimentos incômodos.
- Dizer sim quando queremos dizer não.
- Preocupar-se mais em agradar aos outros do que em se respeitar.

RELACIONAMENTOS NOVOS E ACEITAR O DESCONHECIDO

O mundo dos novos relacionamentos pode ser confuso e intimidante. Que aplicativo você usa? Quando devo responder à mensagem? Quanto tempo devo levar para voltar a sair depois de um término ou divórcio? Quando é a hora de discutir a relação?

Em meus workshops, costumo ver clientes se dedicarem ao trabalho interior, ter uma boa clareza sobre seus valores e o que querem mas mesmo assim sentirem uma grande pressa de entrar em um relacionamento sério. Não há nada de errado em querer um relacionamento, mas há maneiras sutis pelas quais a ansiedade do abandono ainda exerce um controle sobre nossos padrões de relacionamento, e uma delas é apressar a fase do compromisso sem passar adequadamente pela fase de exploração. Em vez de se fazer perguntas como: "Gosto dessa pessoa como ela é? Eu me sinto em segurança com ela? Nossos valores fundamentais estão alinhados?", o foco recai em questões urgentes da ferida: *Estou sendo escolhido?*

A impaciência é o impulso mais comum para sairmos de um sentimento incômodo — e, quando se trata de relacionamentos, estamos falando sobre o incômodo de não saber o que vem a seguir, se é essa pessoa com quem vamos ficar ou se é apenas uma parada ao longo do caminho. Vejo as pessoas darem importância demais a fases muito iniciais de um relacionamento e depois se sentirem devastadas se a outra pessoa começa a se distanciar. Quando nos aproximamos demais, essa energia tão concentrada pode fazer com que o outro se afaste em vez de se aproximar de nós.

Você tem o direito de conferir onde a pessoa está e o que ela está buscando, mas às vezes nos confundimos sobre o que isso significa de fato. Alguns dos participantes em meu programa conhecem alguém, saem por algumas semanas e, então, esperam que essa pessoa esteja cem por cento a fim e pronta para se aprofundar, mas a verdade é que leva tempo para se conhecer bem e ter as conversas necessárias para decidir se vocês estão alinhados para ir além.

Lembre-se de que cada pessoa avança em seu próprio ritmo, e não costuma ser realista esperar que as outras pessoas funcionem exatamente como nós em todos os níveis (mental, emocional, espiritual). Você pode respeitar seus limites e ter clareza sobre o que deseja enquanto também abre espaço para a realidade do outro. Há uma grande diferença entre alguém falando na sua cara que não quer um relacionamento e alguém se movimentando devagar e não tendo pressa para conhecer você.

Se temos uma ferida de abandono, o processo de se envolver com pessoas novas sem saber o que vai acontecer pode ser insuportável. Mas entrar rápido demais em um relacionamento antes de ter tempo para explorar também pode dar bastante errado. Embora não haja um tempo definido, penso que de um a três meses dá a um casal espaço razoável para se conhecer e fazer perguntas importantes a partir das quais os dois possam avaliar seu nível de desejo de seguir adiante. Algumas pessoas que têm filhos e pensam em juntar as famílias podem precisar de muito mais tempo, uma vez que a decisão de formar um casal impacta outras pessoas além das que estão diretamente envolvidas.

Também tem muita gente que entra no mundo dos relacionamentos enquanto sua ferida de abandono ou mágoa ainda é recente demais, o que turva as águas desse universo. Não que precisemos estar perfeitamente curados antes de sair para conhecer pessoas novas, mas, quando nossa ansiedade está alta e nossa confiança está baixa, acabamos nos projetando mais no exterior e nos concentrando em ser desejados em vez de prestar atenção no que acontece dentro de nós. Em vez disso, é bom esperarmos até essa sensação ardente de urgência e a ansiedade terem passado para estarmos prontos para aceitar os grandes mistérios dos encontros, amor e relacionamentos e partirmos de um ponto calmo e equilibrado, ancorado em nossa autenticidade.

REJEIÇÃO E A FERIDA DE ABANDONO

Superar alguém que nos rejeitou pode ser muito debilitante. Quando uma pessoa se afasta ou vai embora, somos deixados com muitas emoções para processar. Nossa ferida de abandono pode ser ativada, desencadeando nossos medos mais profundos de sermos coisa demais ou não sermos o bastante. Isso faz com que nos apeguemos a alguém que não quer estar conosco. Mas só porque nos sentimos profundamente apegados não quer dizer que essa é a pessoa com quem realmente devemos estar.

Quando não conseguimos esquecer, pensando nessa pessoa constantemente ou traçando estratégias desesperadas para "reconquistá-la", há outra coisa acontecendo sob a superfície. É a nossa criança interior que precisa de cuidado nesses momentos, então é hora de buscar nosso pai ou mãe amoroso interior e cuidar do nosso coração em vez de abandonar nossa identidade. Se entrarmos em sintonia com a nossa criança interior quando estivermos sofrendo uma rejeição, podemos descobrir que ela está se sentindo:

Assustada

Magoada

Abandonada

Desprotegida

Rejeitada

Insuficiente

Invisível

Desimportante

Esquecida

Quando uma criança pequena sente essas coisas, do que ela mais precisa? Segurança, tranquilidade, acalento e proteção. Quando nossas feridas são ativadas, é natural acreditarmos que a pessoa a que estamos apegados é a solução para a nossa dor e que, se ela ao menos retribuísse, faria com que nos sentíssemos bem de novo.

A verdade é que alguém que não quer estar na sua vida não pode fazer você se sentir em segurança. Você pode aprender a se amar por inteiro, tornar-se a segurança e a estabilidade que vem buscando do lado de fora. Em vez de gastar toda a sua energia desejando que essa pessoa volte, dedique-se a voltar para si mesmo. O amor saudável não é um jogo. Você não precisa "trabalhar" para ser amado. Você é inerentemente digno e merecedor de amor, basta ser você.

OS TRÊS ARQUÉTIPOS DO ABANDONO

A ferida de abandono costuma se manifestar de três formas. Enquanto alguns de nós buscam o amor e o compromisso avidamente, outros os temem e escolhem o caminho da ultraindependência, e também há aqueles que se doam em excesso. Apresento a seguir os três arquétipos do abandono.

O caçador de amor

Os caçadores de amor nutrem fantasias românticas e relacionamentos imaginários na esperança de que o relacionamento seja mais do que realmente é. Eles podem buscar parceiros indisponíveis ou emocionalmente evasivos e ver os próprios esforços como uma virtude, acreditando que vão ajudar essa pessoa a se "curar" ou abrir o coração. Em alguns casos, um caçador de amor pode se tornar obsessivo e perseguir o outro muito depois de a porta ter se fechado. Os caçadores de amor podem se ver assombrados por sonhos com a pessoa por muito tempo, ter dificuldade para tirá-la da cabeça ou ficar olhando as redes sociais dela escondido. Esse arquétipo também é propenso a se apaixonar rápido demais e ter pressa para se comprometer. Seu trabalho é praticar estar no corpo, pisar no freio, comunicar-se de maneira mais direta e se respeitar continuando a cultivar amizades, hobbies e outros compromissos durante a fase de lua de mel em vez de ser completamente transformado pelo novo interesse amoroso.

O *ultraindependente*

Esse tipo encontra segurança em largar antes de ser largado, ou manter as pessoas a uma distância suficiente para não se machucar. O ultraindependente se orgulha da sua força e capacidade de fazer tudo sozinho. Esse arquétipo se sente muitas vezes solitário e invisível, mas acha difícil aceitar ajuda, orientação ou apoio. Uma das maiores dificuldades para ele é que não deixa as pessoas se aproximarem com facilidade, então, quando finalmente deixa, é muito mais difícil abrir mão de um relacionamento, mesmo que não seja saudável. Os tipos ultraindependentes costumam ser muito reservados e não permitem que muitas pessoas vejam suas verdadeiras emoções ou seu mundo interior, o que pode levar a relacionamentos codependentes ou desequilibrados. O ultraindependente precisa baixar suas muralhas devagar. O segredo é *devagar*, para não sobrecarregar seu sistema nervoso. Pedir ajuda e estar disposto a nem sempre ter tudo sob controle é uma boa prática para suavizar as convicções de que precisa fazer tudo sozinho. Apoiar-se em amizades seguras e acolhedoras é uma excelente forma de praticar habilidades de relacionamento!

O doador

Esse arquétipo sente uma necessidade intensa de ser amado e validado, e costuma carregar uma certeza inconsciente de que precisa se esforçar para merecer o amor. O doador aprende na infância que recebe mais atenção ou aceitação quando tem sucesso ou age de determinada forma e, portanto, essa energia pode se converter em abandono da identidade e em se doar além da própria capacidade. Os doadores se entregam até ficarem esgotados e ressentidos. Um dos maiores desafios para o doador é que ele tem expectativas demais, ao mesmo tempo que sente dificuldade para falar sobre suas próprias necessidades por medo de ser rejeitado. O doador precisa aprender a se priorizar, criar equilíbrio em relação a quanta energia dedica e comunicar de maneira direta aquilo que quer ou de que precisa. Ele também precisa se tornar mais consciente do impacto que sua energia tem sobre os outros e reconhecer quando é necessário controlá-la e dar espaço.

Podemos nos ver incorporando um ou todos esses arquétipos em momentos diferentes da vida. Às vezes, o padrão muda dependendo da pessoa com quem estamos. No meu caso, percebi que eu era boa em impor limites em quase todas as áreas da minha vida, exceto com amigas próximas. Como minha ferida mais profunda aconteceu com minha mãe, que sofria de depressão, sempre que uma amiga estava mal ou passando por um período difícil os meus limites e a minha consciência iam pelo ralo, e sem me dar conta eu voltava a fazer o papel da doadora.

Seja paciente consigo mesmo se notar que está voltando a cair em um desses arquétipos. Abandonar velhos hábitos é um processo lento. Mas, qualquer que seja o arquétipo que você se pegue representando, seu caminho para a integração e a cura é o mesmo.

CURANDO A FERIDA DE ABANDONO

Ao aceitar todo o espectro de quem somos, criamos uma abertura para as pessoas certas entrarem em nossa vida e nos amarem plenamente. Se estivermos sempre lutando para sermos escolhidos, viveremos a serviço da nossa dor. À medida que nos curamos, desenvolvemos a confiança e a capacidade de criar um novo destino, incorporado por nossa expressão mais elevada. Cultivamos a coragem de impor limites firmes e fazer as perguntas importantes que dão às pessoas a oportunidade de nos mostrar quem elas são.

Curar a ferida de abandono não é apagar o passado. Curar não significa nos livrar, mas sim conviver. Quando não estamos conscientes da nossa ferida, ela tem o poder de causar estragos. Se estamos conscientes e cuidamos da nossa ferida, ela tem a capacidade de nos trazer mais profundamente para dentro de nós.

Sua ferida não é quem você é. É simplesmente uma área em que você será mais sensível e, com tempo e paciência, uma área na qual você poderá desenvolver sabedoria, empatia e compreensão por si e pelos outros seres. Não acredito que nossas feridas sejam partes defeituosas, embora possa parecer que são. O dom que nossa dor nos oferece é uma passagem para descobrir nosso potencial oculto. Curar a ferida de abandono não vem com uma fórmula. Curar acontece em conexão com o eu, e lembrando pouco a pouco nosso sistema nervoso de que estamos seguros.

Aqui estão algumas das práticas que podem ajudar você na jornada de curar sua ferida de abandono.

Recupere a conexão com a sua criança interior

Como você aprendeu no capítulo 4, o laço que você desenvolve com a sua criança interior forma uma base forte e segura para guiar sua vida. Conectar-se com a sua criança interior capacita você a assumir uma versão mais madura e autoconsciente de si. Quando sentir pânico, pavor, ansiedade ou incerteza, você pode se voltar para dentro e pedir para a sua criança interior comunicar todos os sentimentos, pensamentos e medos dela. Lembre-se de que a ferida de abandono costuma ser um eco de uma mágoa passada — é a dor remanescente do acolhimento que você não recebeu, da atenção que desejou, do amor que nunca teve. Quando essa ferida estiver ativa, ative seu pai ou mãe interior protetor para impor limites e oferecer a cura de que precisa. Sua criança interior está sempre lá, esperando para ser vista, ouvida, amada e aceita.

Permita-se sentir

A resistência aos sentimentos cria um bloqueio de energia vital. A prática permite que seus sentimentos e sensações venham à tona; conforme eles forem surgindo, traga curiosidade sem julgamento à sua experiência. Muita gente aprendeu a negar ou suprimir seus sentimentos para evitar vergonha, ridicularização ou sobrecarga. Mas a energia emocional precisa ser sentida para ser processada e digerida. Quanto mais você retém, mais pesada ela fica. Encare cada experiência emocional como uma limpeza do coração e da mente.

Faça trabalho somático (entre no seu corpo!)

A cura acontece quando você volta a habitar o seu corpo e retoma a autoconfiança. Além de terapias guiadas como o trabalho de experiência somática, há uma variedade de práticas simples que vão ajudar você a escutar e confiar em seu corpo. Tire um tempo ao longo do dia para parar, sentir sua respiração e nomear as sensações que tiver. Quando você se apega a dor e trauma, a tendência costuma ser parar de se movimentar. Caminhadas na natureza, dança, ioga sensível ao trauma e automassagem ajudam a reconciliar sua relação com o seu corpo.

Aprenda a definir e manter limites

Toda vez que você respeita seus limites — seja um limite que impôs a si mesmo ou a outra pessoa —, você está fazendo ativamente o trabalho de curar sua ferida de abandono. Lembre-se: o abandono da identidade é um dos efeitos colaterais da ferida de abandono. Quando sua ferida está ativada, você anseia por atenção, amor e validação, e pode fazer de tudo para conseguir isso, inclusive abandonar suas próprias necessidades ou abrir demais seus limites. Pequenas ações para se manter fiel a seus limites energéticos, emocionais ou físicos vão ajudar você a desenvolver força e coragem para criar a vida que realmente deseja. Vamos nos aprofundar mais em limites no capítulo 12.

Peça ajuda

Pedir ajuda cria novas oportunidades para as pessoas estarem com você, e para seu cérebro e seu sistema nervoso se integrarem a uma realidade nova. Se pedir ajuda for desafiador demais ou se você sentir resistência ao ler isso, essa pode ser sua oportunidade de crescimento. Quando era mais jovem, nunca pedia ajuda. Na esperança de impressionar os outros e receber validação, eu fazia de tudo para me virar completamente sozinha. Até moía minha pimenta-do-reino à mão na hora do jantar! Pedir ajuda parece uma vulnerabilidade inacreditável para uma pessoa ultraindependente, mas, como seres humanos, desenvolvemos intimidade estando juntos quando as coisas ficam difíceis. Dê aos outros a chance de ver seu coração e apoiar você.

Deixe o amor entrar

Se você foi ensinado que só é digno de amor quando manifesta determinado estado emocional (mais provavelmente feliz e agradável), seu trabalho é mostrar novos lados de você e sua vulnerabilidade para um parceiro ou amigo próximo. *Aprender a confiar nos outros tem uma relação intrínseca com aprender a confiar que você é digno de receber amor e apoio.* Também é importante saber para quem demonstrar sua vulnerabilidade. Escolha pessoas que sejam emocionalmente seguras. Uma pessoa segura ouve sem julgamento, oferece reflexões baseadas em empatia e não busca resolver seus problemas ou convencer você a não sentir.

Mantenha-se envolvido em seus interesses, hobbies e valores

Você vive em torno da disponibilidade da outra pessoa assim que entra em um relacionamento? Você cancela seus planos de última hora e larga tudo quando ela liga? Às vezes, nos jogamos em cima do nosso parceiro sem dar espaço para ele se aproximar de nós e demonstrar interesse.

Lembre-se de que o relacionamento que você tem *com você* precisa ser a base. Mantenha-se envolvido nas coisas de que gosta e não faça do relacionamento todo o seu mundo ou identidade. Em vez disso, arranje coisas para fazer com amigos, participe de uma atividade em grupo e compareça aos compromissos que marcou. Isso não apenas ancora você em seu próprio núcleo mas também o torna mais magnético, porque assim você demonstra seu valor em suas ações.

Pontos para lembrar

- Ter uma ferida de abandono não quer dizer que você é defeituoso.

- Sua ferida de abandono aponta para as partes mais vulneráveis e sensíveis da sua criança interior.

- Uma ferida de abandono pode existir mesmo se você teve uma família amorosa.

- Uma ferida de abandono pode existir quando suas necessidades emocionais não foram atendidas, mesmo se seus pais eram fisicamente presentes.

- Curar sua ferida de abandono não significa que você vai se esquecer do passado ou parar de desejar amor, proximidade ou segurança. Só quer dizer você não será mais dominado pela sua dor.

- Enquanto cura sua ferida de abandono, é importante praticar estar em sintonia com o seu corpo e dar nome a suas emoções.

- Ninguém mais é responsável por curar essa ferida. Alguém pode lhe dar todo o amor do mundo, mas você também precisa fazer o trabalho para deixar o amor entrar.

- Quando sentir o gatilho da sua ferida de abandono, pratique o trabalho da criança interior: acalmar-se, pedir ajuda e estar em conexão com os outros.

A beleza de curar a ferida de mãe-pai é aprender
a aceitar as limitações dos nossos pais.
Quando vamos além da busca incessante nos
outros para saciar nossa sede de segurança, amor
e estabilidade, aprendemos a encontrar essas coisas
em nós mesmos e na natureza.

6. Mãe divina e energia paterna

O relacionamento com mãe e pai é complexo e diferente para cada um de nós. Não importa como crescemos e se nossos pais eram ou não emocional ou fisicamente presentes, a relação que desenvolvemos com eles na infância representa um papel nas experiências de relacionamento que teremos por toda a vida. Grande parte da mágoa que sofremos em nossa ferida de mãe-pai resulta da dor e do trauma que eles próprios sofreram e não conseguiram processar e curar. O trauma é herdado e se replica por gerações. Mas, por mais que possamos passar traumas para a frente, também podemos passar nossa sabedoria e nossos dons.

Curar significa "tornar inteiro". Embora muitos não tenham a oportunidade de ter uma conversa espiritual profunda ou transformadora com os pais nesta vida, cada um de nós possui a capacidade de interromper os ciclos negativos da própria história familiar e reencontrar a completude por meio da sua relação com o Espírito.

Nessa parte do trabalho interior, você vai se lembrar de se conectar com a energia divina de mãe e pai que é universal e não se limita aos humanos que trouxeram você a este mundo. No meu caminho de cura, encontrei muito consolo na conexão com a natureza. Em momentos de desespero e sofrimento enquanto desvendava as profundezas da minha própria ferida parental, foram a lua e as estrelas, as árvores e o rio que me acolheram e me lembraram de que eu nunca estava sozinha — nem você está. Somos parte deste grande universo, conectados a todos os seres vivos, plantas e animais que chamam este lugar de casa. Estamos todos conectados.

SUA RELAÇÃO COM SUA MÃE E SEU PAI

Se você tem uma boa relação com seus pais, pode achar que não precisa explorar esse aspecto do trabalho interior, mas incentivo você a entrar nele com curiosidade. Você pode descobrir algo sutil que faz uma diferença enorme em seus relacionamentos atuais. Se foi adotado, talvez seja bom explorar sua relação tanto com seus pais biológicos quanto com os adotivos. Se nunca conheceu seus pais biológicos, ainda assim pode investigar essa relação em um nível energético, o que é algo que precisei fazer em minha relação com um pai que nunca conheci e do qual nunca vi nem foto.

Se um dos seus pais foi ausente, abusivo, doente ou já faleceu, pode ser útil voltar com frequência à meditação da criança interior do capítulo 4. Também é importante buscar apoio enquanto destrincha sua história. Lembre-se de que é bom ir devagar, ou simplesmente deixe essas palavras mexerem com você até que esteja preparado para dar o próximo passo. Não há pressa para começar se não estiver pronto.

Se você tem filhos, pode ficar tentado a ler este capítulo pensando em como você se mostra como pai ou mãe em vez de entrar em sintonia com sua relação com seus pais. O próprio fato de que você está segurando este livro é prova do tipo de pai ou mãe que você é. Confie que toda a energia que você redireciona ao seu próprio processo de cura é um presente para seu filho, qualquer que seja a idade dele ou pelo que vocês passaram juntos.

Embora tenhamos um impacto em nossos filhos, não podemos controlar inteiramente como ou quem eles se tornam. Eles chegam a essa vida com sua própria trajetória de alma para viver e somos apenas assistentes para cuidar e zelar por eles enquanto encontram seu próprio caminho. É impossível ser tudo para nossos filhos e, quando reconhecemos isso de verdade, nos libertamos do imenso fardo de expectativas de sermos perfeitos e, em vez disso, somos autênticos em nossa relação com nossa família. Agora, permita-se sujar as mãos para se concentrar em si — é aqui que a cura dos nossos relacionamentos começa.

O QUE NOSSOS PAIS NOS ENSINARAM SOBRE O AMOR

Quando somos pequenos, vemos nossos pais como deuses. Eles são nossos protetores, provedores, cuidadores e guias. Nossa sobrevivência depende literalmente da atenção deles. A primeira relação que temos com nossos pais é onde aprendemos sobre amor, conexão e segurança.

Se nossos primeiros anos neste mundo foram passados nos braços amorosos e protetores de pais emocionalmente seguros, isso impacta o resto da nossa vida e a segurança que sentimos no mundo. Por outro lado, se foram passados com desconexão ou falta de acolhimento, isso também vai transparecer em nossos relacionamentos atuais.

A *ferida de mãe-pai* é sentida como a falta de proteção, amor e aceitação que não recebemos dos nossos pais. Enquanto a ferida de abandono se desenvolve a partir da sensação de ser deixado sozinho com a nossa dor, a ferida de mãe-pai carrega a sensibilidade que sentimos por não termos recebido o acolhimento e cuidado consistente dos nossos pais. Há uma miríade de experiências na infância que causam a ferida de mãe-pai, como crescer em um ambiente no qual os pais brigavam muito; viver em uma casa emocional ou fisicamente abusiva; sofrer castigos ao expressar grandes emoções como raiva, ciúme ou tristeza; ter pais emocionalmente fechados que não conseguiam demonstrar afeto ou oferecer apoio; ser adotado; ou perder algum dos pais para um vício ou uma doença.

Se não tivemos nossas necessidades atendidas na infância, podemos carregar essa ferida para a vida adulta e buscar solução em nossos relacionamentos românticos. E, embora essa parceria nos ofereça uma chance de curar nosso passado, devemos reconhecer que nossos parceiros e amigos não são responsáveis pelas ações daqueles que vieram antes deles.

Como as feridas de mãe-pai transparecem em relacionamentos românticos

- Dinâmica ansiosa-evitativa.
- Procura por amor indisponível ou pessoas emocionalmente evasivas.
- Limites fracos, preocupação em resgatar pessoas.
- Necessidade de agradar.
- Codependência.

- Baixa autoestima.
- Dificuldade para confiar.
- Ciúme.
- Autossabotagem (traições, distanciamento).
- Insegurança nos relacionamentos.
- Vício em caos e turbulência.
- Reações de paralisar, se fechar ou evitar conflito.
- Ferida de abandono.

ARQUÉTIPOS DA FERIDA DE MÃE-PAI

A maioria das pessoas cresceu passando por aspectos dos arquétipos que apresento a seguir em uma mãe, um pai ou cuidador. O objetivo aqui não é criticar nem culpar seus pais, mas simplesmente perceber o que faz sentido para você e entender melhor o que aprendeu sobre o amor. Com essas informações, você pode trazer à consciência padrões herdados e todos os ressentimentos que estiver guardando para que, com o tempo, aprenda a se libertar deles e pôr fim ao ciclo.

O pai ausente

Os pais ausentes quase nunca ou nunca estão fisicamente presentes, ou estão fisicamente lá mas são emocionalmente distantes, o que os impede de ser uma força acolhedora. Um exemplo desse arquétipo aparece em casas onde também há um pai abusivo ou viciado, e o outro cuidador não protege os filhos nem os retira do ambiente. Por mais que haja motivos válidos para isso não ter acontecido, a criança vê como abandono. Pessoas que cresceram com a experiência de um pai ausente têm dificuldade para receber acolhimento e apoio ou se veem atraídas por tipos indisponíveis, tornando-se obcecadas por conquistar amor.

O pai abusivo

Os pais abusivos são a expressão do controle e da dominação, um uso pernicioso de poder sobre aqueles que não conseguem se defender. Os pais abusivos em geral têm seu próprio passado traumático e abusivo e passam esse mal para a frente na própria família. Aqueles que cresceram sofrendo com um pai abusivo costumam ter dificuldade para confiar no amor porque sentem que a proximidade leva à dor. Também pode haver um sensação profunda de culpa interna e de desconexão com o Espírito — uma sensação de ser esquecido.

O pai retraído

Os pais retraídos são fisicamente presentes mas emocionalmente ausentes. Estão lá em corpo, mas isolados de seus corações e não conseguem oferecer empatia, conexão, orientação ou liderança emocional para os filhos. Aqueles que crescem com um pai retraído aprendem a se dissociar de seus sentimentos e sensações e fazer uso excessivo da lógica.

O pai viciado

Tomada por seu vício em trabalho, dinheiro, sexo ou substâncias, a energia dos pais viciados é dispersa, evasiva, autocentrada e inalcançável. As qualidades características desse arquétipo são ausência física ou emocional, egoísmo e inversão de papéis. Aqueles que crescem com um pai viciado podem ter precisado representar o papel de pais quando eram, na verdade, crianças. Na vida adulta, repetem padrões de resgate e cuidado em seus relacionamentos românticos. Também costumam ter baixa autoestima e sofrer para realizar coisas que são importantes para eles.

O pai desamparado

Incapazes de cuidar adequadamente de si ou das crianças, os pais desamparados buscam apoio emocional nos filhos e os sobrecarregam injustamente com o peso dos seus próprios traumas e feridas do passado. O arquétipo dos pais desamparados também busca relacionamentos com pessoas que vão "salvá-los", mas isso tem um preço, pois esses salvadores muitas vezes também são desintegrados e abusivos, controladores ou desdenhosos. Aqueles que cresceram com um pai desamparado desenvolvem tendências de resgate e se tornam evasivos em relacionamentos por medo de se envolver.

O pai rejeitador

É comum que os pais rejeitadores sejam vítimas de abuso ou rejeição dos próprios pais. Isso os tornou fechados e incapazes de acessar as próprias emoções, rejeitando, portanto, as emoções dos filhos. Os pais rejeitadores veem as grandes emoções da criança como um problema, ou emoções "ruins", e não conseguem oferecer apoio ou orientação sobre como passar por elas. Em vez disso, punem a criança, a isolam ou, em casos extremos, a abandonam. Pessoas que cresceram com um pai rejeitador têm problemas de autoconfiança e autoestima e sofrem gatilhos com a sensação de ser incompreendidas.

O pai culpador

É aquele que lança mão de táticas de culpa e vergonha para ser obedecido. A energia desse arquétipo também se expressa pela manipulação, criando ressentimento e desconfiança. Pode ser desafiador impor limites com culpadores. Eles respondem a pedidos de crescimento com comentários como "Não faço nada certo" ou "Você está tentando mudar quem eu sou". Mas existe uma diferença entre tentar mudar quem uma pessoa é e ter critérios sobre como escolhemos interagir. Aqueles que cresceram com o arquétipo culpador costumam desenvolver uma ausência de limites ou se isolar dos outros para evitar manipulação emocional. Eles têm dificuldade para confiar nos outros, não gostam de ser controlados e ficam defensivos durante o conflito.

O pai destruidor de sonhos

Os destruidores de sonhos são extremamente críticos e céticos e duvidam de você. Esses são os pais que vão descrever todos os motivos por que uma coisa é impossível ou todos os aspectos negativos de uma decisão ou sonho que você tem. É importante se lembrar de que os destruidores de sonhos costumam ser programados para a negatividade porque essa foi a experiência que eles tiveram com os próprios pais e, às vezes, eles realmente acreditam que estão ajudando ao dar os "fatos". Só compartilhe seus sonhos ou planos com um destruidor de sonhos quando estiver confiante em seu caminho e não em busca de incentivo — você não vai encontrar isso neles. Aqueles que cresceram com esse arquétipo sentem que sempre precisam provar seu valor ou fazer por merecer o amor, e têm dificuldade para descansar ou repousar. Se você tiver um destruidor de sonhos em seu sistema familiar, precisará impor limites sobre comunicação e críticas.

PERMISSÃO PARA SENTIR, PARA DEFINIR LIMITES

É possível ter ao mesmo tempo um amor imenso e limites firmes com os seus pais. Caso sinta raiva deles pela maneira como agiram (ou não agiram) com você, respeite isso. Não podemos ignorar nossa raiva e pular para o amor e a luz — não é assim que funciona. *Você tem permissão para sentir o que sente.* É vital dedicar um tempo para processar a raiva antes de tentar avançar para um lugar de compaixão.

Anna era uma mulher de 27 anos em um dos meus programas que passou anos cuidando da mãe, a qual tinha problemas de saúde emocional e mental. Em muitas ocasiões, a mãe de Anna ultrapassava os limites de maneiras extremas a ponto de usar a força física contra ela. Com o passar do tempo, Anna começou a se desenredar do seu trauma e percebeu que precisava desesperadamente de distância da mãe. Quando a mãe a atacou de novo, ela finalmente ergueu a voz e disse que daria um tempo e que não estaria mais por perto quando o conflito se agravasse. De repente sua mãe se motivou a mudar, mas Anna não ficou tão exultante. "Minha mãe finalmente está na terapia", ela contou. "Ela me ligou e queria minha aprovação, mas na minha cabeça tudo que eu estava pensando era: 'É o mínimo que você poderia fazer. Vê se toma jeito!'." Ela explicou que, naquele momento, não conseguia sentir compaixão pela mãe.

Concordei; eu já estive no lugar dela. Houve um tempo na minha vida em que senti tanta raiva da minha mãe que terminava quase todas as nossas conversas desligando na cara dela. Minha mãe não era a pessoa certa para me ajudar a trabalhar minha raiva e, na maioria das vezes, nossos pais simplesmente não conseguem ser essas pessoas.

Em muitos casos, tentar processar nossa dor com os próprios pais é contraproducente. A menos que vocês tenham uma linguagem em comum, seus pais terão dificuldades para entender o que você está dizendo, e é possível que a conversa cause mais frustrações e mágoas. Mas todos precisamos de um espaço seguro para atravessar essa raiva e discernir como proceder com a relação. Em geral, é melhor deixar para compartilhar seu processo interno com um guia de confiança ou um terapeuta, alguém que não vá levar as coisas para o lado pessoal e possa validar sua experiência e fazer reflexões úteis que orientem você a avançar ao longo do caminho.

Muitas pessoas ficam culpadas por dizer que se sentem abandonadas ou traídas pelos pais, sobretudo quando, na teoria, seus pais fizeram "as coisas certas", como dar um teto e pôr comida na mesa. Mas precisamos de mais do que apenas comida e abrigo para formar apegos saudáveis, e não há problema em reconhecer sua realidade pessoal.

Entender alguns dos seus padrões mergulhando dentro de si e reconhecendo as maneiras como não se sentiu ouvido, visto, compreendido ou como se sentiu abandonado não é o mesmo que culpar os pais; é chegar a um acordo com sua raiva, seu ressentimento ou luto para ficar livre — livre para escrever uma história nova, livre para ver seus pais como inocentes, livre para escolher um novo caminho a seguir. Quando negamos nossa realidade emocional para proteger os outros, o padrão vai surgir em algum momento, normalmente em relacionamentos amorosos. Não podemos fugir das questões pendentes, então a única maneira de ficar livre é sentir o que está lá para ser sentido, cuidar da criança interior e fazer as pazes com o nosso passado.

Nossas emoções mais pesadas também podem ser um guia para quando precisamos impor limites com as pessoas da nossa vida. Assim como Anna, se membros da família não conseguem ou relutam em se relacionar conosco de modo saudável, precisamos encontrar a força para nos distanciar e tirar o tempo necessário para recuperar a clareza. E, quando nos sentirmos prontos para nos relacionar com eles de novo, teremos a força para estabelecer em que termos.

QUANDO OS PAIS NEGAM NOSSA REALIDADE

Quando eu tinha 21 anos, comecei a ver o mundo com outros olhos. Aprendi a observar minha mente, contestando meus pensamentos e reprogramando meu sistema de crenças. Com a emoção da minha espiritualidade recém-encontrada, me senti determinada a ajudar minha mãe a despertar também. Passei muito tempo tentando ensinar coisas para ela, apontar como sua realidade era errada, ajudá-la a se curar mais rápido. No fundo, o que eu realmente queria era uma conexão com ela. Eu queria que ela se curasse para poder ter o acolhimento de uma mãe, o qual nunca recebi. Isso só provocou mais mal-entendidos e confusão.

Aos vinte e tantos, quando falei com minha mãe sobre como havia crescido entrando e saindo de lares adotivos dos três aos dezesseis anos, ela negou essa realidade. Fiquei chocada e confusa. Depois que desligamos o telefone, tracei uma linha do tempo de todas as casas por que passei só para encontrar meu centro depois de me sentir tão manipulada por nossa conversa.

Depois dessa experiência, decidi fazer meu trabalho de cura sem o envolvimento dela. Foi só quando comecei a aprender sobre minhas próprias defesas, meu ego, minha criança interior ferida e a parte de mim que ainda doía por tudo que eu havia sofrido na infância que a cura realmente começou. À medida que eu me curava, comecei a me suavizar. Comecei a entender que os escudos da minha mãe do passado eram uma forma de proteção do seu próprio trauma indescritível e da sua culpa pela infância que tive. Era uma maneira de se distanciar da dor imensa que ela sentia por não poder refazer a maternidade.

Com essa perspectiva, mergulhei em uma profunda compaixão e reverência pelo fato de ela ter sobrevivido a tanta coisa. Eu não queria mais forçá-la a fazer o trabalho porque reconhecia que nossos caminhos eram diferentes. Ela estava dando seu melhor e simplesmente não estava pronta nem tinha os recursos para se abrir para o passado; tentar forçar isso em qualquer pessoa não é bom. No lugar das minhas tentativas desesperadas de "consertar" minha mãe, senti uma admiração por tudo que ela havia superado. À medida que eu relaxava, ela acabou por se tornar mais curiosa e aberta com o tempo.

Em todo sistema familiar, costuma haver um ponto fora da curva. O ponto fora da curva é aquele que desperta e se compromete a romper ciclos de traumas familiares herdados, disfunção ou caos. São grandes as chances de, se você está lendo isso, ser você o ponto fora da curva do seu sistema familiar. É comum haver uma sensação de solidão para o ponto fora da curva, conforme atravessamos a dor que vem à tona toda vez que saímos de um padrão de relacionamento e agitamos as coisas. Essa solidão e a gravidade do que estamos aprendendo podem nos levar a querer compartilhar o que descobrimos com nossos pais ou familiares. Achamos que cabe a nós ajudá-los a ver onde eles erraram, ou que cabe a eles reparar as formas como nos sentimos indignos de amor, rejeitados ou desprotegidos. Mas a verdade é que isso provavelmente não vai acontecer da maneira como você desejou. Você pode encontrar completude com esses sentimentos sem trazer seus pais para o processo. Há tanta pressão sobre os pais que a culpa de se sentir um fracasso muitas vezes é grande demais para suportar.

As pessoas atingem a consciência de cura em seu próprio tempo de acordo com seu caminho, e não é nosso trabalho fazer com que cheguem lá. E a realidade é que não temos o poder de fazer isso. Parte do nosso trabalho interior é aceitar os outros pelo que são, impor limites para nos manter em segurança e abrir espaço para encontrar as pessoas onde elas estão. Quando despertamos, nem todos vão entender. Eles podem se sentir ameaçados, assustados ou negar nossas experiências passadas para se proteger de sentimentos desconfortáveis.

Se seus pais invalidarem ou desprezarem sua experiência, é porque não conseguem confrontar essa parte do próprio passado nem a culpa que vem junto com ela, ou não têm a capacidade emocional de viver essa curiosidade com você. Se estiverem guardando uma sensação de vergonha, o resultado é autodefesa e negação da realidade. Saiba que não é culpa sua que você tenha passado por isso.

Quando sentimos um desejo esmagador de ajudar as pessoas com seu trabalho interior, estamos na verdade sendo convidados a olhar com mais atenção para o que estamos evitando em nós. Se queremos despertar alguém, estamos basicamente torcendo para mudar essa pessoa em algum aspecto, o que costuma acontecer quando temos algo a ganhar com isso, como mais reconhecimento, amor, aprovação, valorização, conexão e intimidade. Nossas necessidades merecem ser atendidas, mas nem todos serão receptivos a nossos convites para crescer e aprofundar a intimidade. Felizmente, não precisamos que ninguém mude para nos amarmos e não precisamos obrigar ninguém a fazer o trabalho para começarmos o nosso.

Desde aquela experiência de tantos anos atrás, minha mãe conseguiu ter algumas conversas difíceis comigo. Ela pediu desculpas por negar minha realidade e reconheceu minha experiência. Mas isso não aconteceu na minha linha do tempo, e foi então que consegui ver o presente que ela me deu. Quando ela negou minha realidade no passado, precisei escolher mergulhar dentro de mim e me validar sem buscar isso externamente. Também tive a chance de aprofundar minha conexão com a energia da Mãe Divina que era tão potente para mim sempre que eu estava na floresta ou sentada em cerimônia, e ver a inocência dela acima de tudo. Às vezes, não conseguimos o que estamos procurando no momento em que queremos porque há uma transformação mais profunda possível quando não temos escolha a não ser nos dar aquilo que queremos dos outros.

AUTOACEITAÇÃO E A FERIDA DE MÃE-PAI

Refletimos os movimentos, padrões de comportamento e expressões dos nossos pais. Se temos boas lembranças da nossa infância e uma boa relação com os pais, isso não é um grande problema. No entanto, se nossas lembranças dos nossos pais estiverem associadas a dor, julgamento ou aversão, sentimos autorrejeição e vergonha. Somos todos como nossos pais de um modo ou de outro, e ser capaz de reconhecer isso abre espaço para uma autoaceitação mais profunda.

Antes de curar minha ferida de mãe, eu me olhava no espelho e sentia um frio na barriga quando via os traços refletidos. Tenho os olhos e o nariz dela, e isso me aterrorizava. Não porque eu ache minha mãe desagradável de olhar — ela é uma graça. Era porque olhar meu reflexo fazia com que eu me lembrasse dela, e eu ainda não havia conseguido perdoá-la.

À medida que mergulhava mais a fundo em mim, consegui acessar sentimentos novos pela minha mãe. Aos poucos, comecei a notar todas as maneiras como eu era parecida com ela, e em vez de afastar essa consciência ou sofrer aquele aperto no peito, senti carinho. Comecei a ver as qualidades que havia herdado dela que eu amava e admirava. A partir do momento em que me dispus a encarar as trevas da minha própria autorrejeição e da rejeição pela minha mãe, consegui encontrar uma sensação mais profunda de amor-próprio e integração.

Com minha mãe, aprendi a não sofrer por pequenas coisas. A ser generosa, brincar e falar bobagem. A celebrar sem motivo. A acreditar em mim e perseverar. Quando finalmente consegui sentir raiva dela por todas as coisas que ela não era, consegui celebrar todas as coisas que ela era.

Trazer à consciência os atributos, as características e os padrões dos seus pais é o primeiro passo para ver como sua relação com sua mãe e seu pai se expressa no presente — especificamente como você se vê, como está disposto a incorporar certos aspectos da sua própria natureza e o que mais rejeita em si e nos outros.

Quando sentir equilíbrio e abertura, encontre um lugar tranquilo, acenda uma vela e faça este exercício.

Mãe

Algo de que não gosto na minha mãe é:
Qualidades da minha mãe que rejeito em mim são:
Algo que sempre quis da minha mãe é:
Qualidades da minha mãe de que gosto em mim são:

Pai

Algo de que não gosto no meu pai é:
Qualidades do meu pai que rejeito em mim são:
Algo que sempre quis do meu pai é:
Qualidades do meu pai de que gosto em mim são:

Pontos a que se atentar em seu processo de escrita

As características de que você não gosta ou rejeita em seus pais também podem ser características que você tem dificuldade para aceitar em si mesmo. O segredo aqui é procurar se tornar mais consciente de quando essas qualidades se apresentam em você, como uma tendência de acusar ou culpar, e em vez de se conter apenas conviver com a sensação. Você vai notar mais esses comportamentos ao ter uma nova consciência sobre eles, e isso lhe dará o poder para mudar.

Entre em sintonia com o seu corpo enquanto vive o processo de escrita. Em certos casos, ao ver algo em seus pais de que realmente não gosta, você resiste aos seus instintos e se volta para o extremo oposto do pêndulo. Isso indica uma área que você pode exercitar. Um exemplo é o seguinte: "Minha mãe era uma artista, e eu odiava minha mãe, então nunca cedi ao instinto que tenho de desenhar e pintar". Essa é a ferida que impede você de manifestar seus dons e viver sua expressão mais plena. Encarar a ferida significa aceitar as maneiras como somos como nossos pais, mesmo que elas sejam um desafio para nós. Ao fazer isso, abrimos espaço para nossa própria integração, sem tentarmos mais ser iguais ou completamente diferentes dos nossos pais e nos concentrando simplesmente em sermos nós mesmos.

Veja as coisas que você disse querer de um cuidador mas nunca recebeu. Você reconhece algum resquício disso em seus relacionamentos românticos? Você sempre escolhe parceiros que também ativam esse velho desejo conhecido aí dentro? Será possível que o amor que você quer esteja bem embaixo do seu nariz mas você não consegue ver pelas suas lentes atuais? Se for o caso, aqui está um convite para entrar em contato com seus recursos interiores por meio da autotranquilização, do trabalho da criança interior e da natureza.

Reconhecer os aspectos em que você é como os seus pais é uma oportunidade de se aprofundar em autoaceitação e amor-próprio. Reconheça também as coisas positivas que você herdou deles; é uma ótima abertura para relaxar.

RECONHECENDO A INOCÊNCIA
DOS NOSSOS PAIS

Quando eu tinha vinte e poucos anos, soube de uma poderosa planta medicinal curativa da Amazônia chamada ayahuasca.* Eu me sentia atraída pelo trabalho com ela, mas, ao mesmo tempo, morria de medo. Sabia que tinha muito trabalho de cura a fazer antes de estar pronta para embarcar nesse caminho. Ao longo dos anos, surgiu um sussurro baixo dentro de mim que me chamava para participar da cerimônia, mas esperei e continuei a fazer meu trabalho interior e a aprender com outras plantas medicinais. Quando eu estava passando pelo divórcio, uma mensagem veio em alto e bom som: *Está na hora de a sua alma se desnudar*. Eu sabia que era hora de derrubar as muralhas ao redor do meu coração. Era hora de despir meu ego e descobrir o que esperava por mim do outro lado.

Um tempo depois dessa experiência intuitiva, conheci Ben. Ele havia começado sua própria jornada de trabalho com a ayahuasca e me convidou para me juntar a ele e seu curandeiro de confiança. Assim, depois de seis meses de parceria, partimos para nossa primeira cerimônia como casal.

Naquelas três primeiras noites, enfrentei minha ferida de mãe de frente. Eu me deitei no espaço escuro da cerimônia e, de repente, a planta bateu. Fui lançada em uma selva verde

---

* Embora a ayahuasca seja uma parte vital da minha história, não estou de nenhum modo recomendando o trabalho com ela, a menos que você tenha certeza de que esse caminho o esteja chamando e você conte com um guia íntegro e de confiança. Plantas medicinais como a ayahuasca exigem que trabalhemos com todo o respeito e humildade. Nunca recomendo ir ao Peru e conversar com um xamã que esteja se apresentando em uma feira ou com um curandeiro local que não tenha sido treinado sob uma linhagem. O turismo espiritual é prejudicial não apenas para a planta em si, mas também para as pessoas das culturas tradicionais e dos lugares onde ela cresce. Por favor, seja profundamente consciente e atento se decidir trabalhar com essa planta e saiba que o caminho da planta medicinal não é um atalho ou uma solução rápida. Em muitos sentidos, é mais intenso e pode ser avassalador. A suavidade também é medicinal, então confie nos seus instintos.

pantanosa, e tudo era barulhento e desorientador. Uma guia espiritual apareceu e, enquanto me dava um facão, ela disse: "Está pronta? Vamos cortar seus cordões ancestrais".

Por três noites, tive visões da vida da minha mãe, sua dor e seu trauma de antes de eu nascer e, então, como um projetor em minha mente, duas bolhas apareceram: à esquerda estava minha mãe, a mulher que havia sobrevivido a traumas de infância, que se sentia perdida e se esforçando para sobreviver, que fazia o melhor que podia quando não tinha quase nada e não havia ninguém para guiá-la. À direita, estava a mãe que me devia algo, que deveria me amar de determinada forma e não me amava — ela carregava o peso das minhas expectativas e decepções. Meu coração se suavizou, minha tensão e meu ressentimento relaxaram, pude ver a diferença entre a mulher e a mãe, e consegui aceitar que, nessa vida, ela não teve a chance de incorporar o arquétipo da mãe divina. Vi que a mulher não tinha sido iniciada na maternidade e ainda contava com a capacidade emocional de uma criança pequena. Meu coração se abriu e mergulhei na aceitação do que havia perdido na infância e me aprofundei na compaixão de por que minha mãe não conseguiu me dar essas coisas.

Conforme usei a planta medicinal em cerimônias dezenas de vezes ao longo de seis anos, minhas feridas ancestrais continuaram a se desdobrar. Uma escuridão me envolvia enquanto eu enfrentava a dor de me sentir sozinha e o medo que atravessava meu sofrimento. Troquei a raiva e o desejo por uma história diferente, e entrei no abraço divino de uma energia universal superior. Senti a energia paterna em todos os homens bons que me acolhiam durante a cerimônia para me ajudar a voltar à esteira ou ficar comigo em momentos de medo. Encontrei a mãe interior e encontrei a mãe nas plantas, nas árvores, nas águas. Enquanto começava a me curar, minha ferida de mãe começou a mudar também, sem demandas ou expectativas. Vi o poder em meu compromisso de trilhar o caminho sozinha.

Alguns de nós estão aqui para quebrar padrões ancestrais de trauma, para acabar com os ciclos herdados de dor, abuso, vício e violência, e para começar a passar adiante amor, humildade, compaixão e verdade. E, se você está nessa jornada agora, eu vejo você. Você está fazendo o trabalho mais importante. Seus ancestrais estão com você.

INCORPORANDO A ENERGIA DA MÃE DIVINA E DO ARQUÉTIPO DO PAI

Quer você acredite que escolheu seus pais antes de nascer neste mundo, quer acredite que tudo é aleatório ou alguma outra coisa, um caminho vital para encontrar a sensação de poder e confiança é através da individuação dos seus cuidadores. Isso significa sair do papel de filho dos seus pais e entrar na versão adulta de você com uma capacidade integrada de cuidar de si, se autoacolher e confiar em seus instintos.

A mãe divina e a energia paterna provêm do amor incondicional que está em toda parte ao seu redor — está em se conectar com a energia do Espírito e o mundo natural: a terra, o vento e o fogo, os oceanos, rios e montanhas. Os seres de quatro patas e com asas, as plantas e as árvores — todos trabalham juntos para nos alimentar e, um dia, também voltaremos à terra. Lembre que o amor não é algo que existe fora de você; é tudo que você é e tudo de que você é feito. Independentemente de você ter crescido com apenas um dos pais, duas mães, dois pais ou pais não binários, você tem a capacidade de se conectar com essa energia divina.

Em um dia quente de verão, minha amiga Anya se sentou perto de mim no meu terraço que dava para um grande jardim e uma paisagem de árvores. Começamos a conversar sobre nossas jornadas com a ferida de mãe-pai e ela compartilhou sua história comigo.

Quando Anya era jovem, seu pai faleceu de uma doença. Tudo parecia extremamente caótico e conversar era difícil demais. Quase sempre, durante os intervalos na escola, ela se afastava discretamente dos amigos para se sentar embaixo de um tulipeiro-da-áfrica, uma grande árvore tropical com flores vermelho-vivas. Ela se deitava sob os galhos da árvore, entre algumas raízes grandes, e se sentia abraçada. "Eu tinha apenas treze anos, mas foi um momento inesquecível de encontrar um pouco de paz", ela me disse. Anya contou como a natureza fora a igreja do seu pai e como se deitar sob as tulipas que caíam "era uma maneira de estar com ele".

Em casa, ela sentia que não podia expressar tristeza, raiva ou a saudade profunda que sentia dele. A mãe de Anya era uma pessoa muito amorosa, mas estava tão conectada com as próprias emoções que ver Anya chorar era muito difícil para ela. "Minha família estava processando sua própria dor, e acho que eles não tinham capacidade de abrigar a minha também, por isso aquela árvore se tornou o lugar para acalmar meus pensamentos e ter um pouco de privacidade com minha dor", ela disse.

Anya passou boa parte do começo da vida adulta com raiva e tristeza por precisar ser a "forte" da família quando aquilo de que mais precisava era espaço para expressar seu luto. Por meio da própria cura, Anya pôde ver a inocência da mãe e entendeu que a incapacidade dela de apoiá-la não vinha de um lugar de maldade, mas de amor. E que, mesmo em seus momentos mais sombrios, quando estava na natureza ela nunca estava sozinha.

Quando éramos crianças, adorávamos brincar e *estar* na natureza. Sabíamos por instinto como tirar a energia divina dos elementos. Já adultos, costumamos nos esquecer de voltar a essa fonte inata de cura. Não importa se é um tulipeiro-da-áfrica que nos acolhe em um momento importante ou os pés afundados na terra, a natureza nos lembra de que ainda estamos aqui e vamos ficar bem; a natureza é o espaço em que nos libertamos da ferida de mãe-pai e encontramos paz. Ao liberar nossos pais de seus papéis, aceitamos que eles são apenas humanos e recuperamos nossos instintos de cura.

MANEIRAS DE CULTIVAR A MÃE DIVINA
E A ENERGIA PATERNA

Comunique-se com a sua criança interior

Imagine-se na posição de um pai ou mãe amoroso e acolhedor. Escute os desejos e necessidades do seu "eu criança". Fale com sua versão infantil com amor, gentileza e ternura. Permita ao seu eu criança sentir, brincar e expressar sua vulnerabilidade livremente.

Seja criterioso com sua energia

Você quer mesmo fazer isso? Estar perto dessa pessoa? Transar? Comer essa comida? Precisa fazer xixi? São os pequenos momentos de sintonia com seu corpo e respondendo às suas necessidades que ajudam você a explorar essa energia.

Sinta a energia da mãe divina na natureza

Todos os elementos representam a mãe divina — os oceanos e rios, as árvores, a grama e as flores, o vento e o fogo, a terra e as raízes. Explorar a energia universal da mãe divina através da natureza é uma forma potente de resgatar sua sensibilidade e se sentir conectado. Faça passeios na natureza e separe tempo para parar de verdade e escutar os sons. Feche os olhos e ouça as folhas farfalharem ao vento, as árvores se curvarem e balançarem, os pássaros cantarem. Sinta a chuva caindo, o sol beijando sua pele, a neve em seu rosto. Mergulhe os pés no rio, nade no oceano e sinta o solo sob seus pés e sua conexão com a terra que alimenta você.

Evoque energia protetora

A proteção é uma característica marcante tanto da mãe como do pai. Embora normalmente associemos as qualidades protetoras com o pai, na natureza a última coisa que você quer é cruzar com uma mãe e seus filhotes. Ela é uma guardiã feroz e não está para brincadeira. A proteção é o lugar em que tanto a mãe como o pai encarnam o fogo. Explore sua firmeza para impor limites ou proteger sua energia.

Estabeleça limites com a sua criança interior

Quando o seu eu infantil quiser agir, abra espaço para ele com amor ao mesmo tempo que assume o papel de adulto maduro, e não deixe que ele tome as rédeas da sua experiência.

Assuma a responsabilidade

Fique atento ao impulso de culpar os outros. Assuma a responsabilidade por seus pensamentos, sentimentos e atitudes, e se conduza com gentileza para a ação consciente.

Seja a autoridade da sua vida

Você não precisa da permissão dos outros para viver a vida como quer. A vida é sua. Você pode se mostrar aberto a ouvir ao mesmo tempo que se ancora em sua verdade pessoal.

Priorize brincar e rir

Os humanos aprendem melhor quando estão rindo! Seguir sua alegria interior e priorizar o lúdico é uma das coisas mais vitais que você pode fazer pelo seu bem-estar.

Enquanto se conecta com a mãe divina e a energia paterna, você pode sentir o impulso de se expressar e resolver sentimentos em relação a seus pais. Se for o caso, recomendo que faça o ritual da carta que apresento a seguir. Tenha em mente que esse processo serve para que você tome posse plenamente e aceite sua raiva, ressentimento ou mágoa para que consiga se libertar desses sentimentos. Você não pode escapar do caminho para a aceitação, então se permita expressar-se plenamente neste ritual.

O RITUAL DA CARTA

Escreva uma carta para seus pais. Conte tudo — toda a mágoa que causaram, todas as coisas que você desejava poder dizer a eles, as necessidades que queria que atendessem, as maneiras como eles o decepcionaram, o que você ama neles, o que odeia. Bote tudo para fora. Essa carta é para você, não para eles. Quanto mais fundo você for, mais vai aprender com esse processo. *Observação: Em hipótese alguma envie essa carta a seus pais; essa carta é apenas para você.*

Visualização de abertura do coração: Depois de escrever a carta, sente-se com os olhos fechados e se conecte com a energia dos seus pais. Imagine-os como crianças pequenas; sinta a inocência deles. Visualize uma névoa verde e rosa preenchendo o lugar onde está e a veja emanando do seu coração e se transferindo para o deles. Abra espaço para a inocência deles e para a sua. Permita que o carinho e a compaixão surjam naturalmente em você e, se isso acontecer, deixe que permeiem todo o seu corpo energético.

Ritual de queima: Coloque essa carta em seu altar e, quando se sentir pronto (pode ser em uma lua nova ou cheia), você pode queimá-la ou deixá-la em um pote de água até que se dissolva.

Oração de encerramento: Ponha as mãos no coração e evoque a energia da mãe e do pai divino. Diga em voz alta ou dentro da sua cabeça: "Liberto você das minhas expectativas e dos papéis que lhe atribuí. Estou disposto a ver sua inocência". Enquanto está sentado nesse espaço tranquilo, sinta sua energia e se visualize enraizado à terra. Convide o abraço divino do Espírito para envolver e cuidar de você; essa conexão amorosa está sempre ao seu alcance.

Pontos para lembrar

- Reconhecer sua ferida de mãe-pai não é o mesmo que culpar seus pais.

- Você não precisa compartilhar seu processo com seus pais. Este trabalho é para sua própria cura e libertação.

- Curar a ferida de mãe-pai é um processo lento e gradual e exige que você sinta seus sentimentos e, com o tempo, encontre um caminho para a aceitação e/ou o perdão.

- Pouquíssimas pessoas crescem com pais que se dedicam ao trabalho interior; a maioria dos pais não é provido da linguagem necessária para ter conversas difíceis com você.

- Seus pais são seres humanos com suas próprias falhas, traumas passados e bloqueios. A incapacidade deles de estar lá da maneira como você precisava não é um reflexo do seu valor.

- Você pode ter a cura, a transformação e até uma relação melhor com os seus pais mudando sua relação com eles no seu coração e na sua mente.

- A energia de mãe e pai pode ser encontrada fora de seus pais — na natureza e em você mesmo aprendendo a se autoacolher, cuidar do próprio coração, impor limites e respeitar sua voz interior.

- Explorar a mãe divina e a energia paterna é uma linda maneira de se conectar com o amor universal e a natureza; lembre-se de que você não está sozinho.

- Você pode fazer o ritual da carta quantas vezes precisar. Não espere que fazer só uma vez baste para se sentir completo.

O perdão é para você, não para os outros.

Sua experiência emocional é válida, mas é possível que você nunca receba a validação externa que deseja.

Cure-se mesmo assim.

Você é o guardião da sua história.

E nunca é tarde demais para escrever algo novo.

7. Perdão e aceitação

Dakota tinha uma relação muito próxima com o pai quando era criança. Ela adorava passar as noites depois da escola contando para ele como fora seu dia e ouvindo-o contar histórias dos seus anos trabalhando na fazenda. Era comum ela preferir ficar arrancando as ervas daninhas da horta em vez de brincar com as outras crianças do bairro só para passar mais tempo com ele.

Seus pais não tinham um casamento muito feliz. Eles não brigavam, mas pareciam nunca se tocar nem passar tempo juntos — eles sequer dormiam no mesmo quarto. Quando Dakota tinha oito anos, seu pai enfiou as coisas em uma mala azul velha e estropiada, encheu a caminhonete com quatro caixas de papelão e foi embora. Ele ligou para ela por alguns meses para perguntar sobre a escola, mas, depois de um tempo, os telefonemas ficaram mais raros até eles perderem o contato próximo que tinham.

Aos 28 anos, Dakota estava namorando um homem chamado Jacob, que viajava muito a trabalho e ficava fora por semanas. Toda noite antes de ele sair para uma longa viagem de negócios ela se revoltava e começava grandes brigas. Ela detestava que suas últimas noites juntos fossem passadas em conflito e, embora se sentisse desesperada para ter uma conexão, seu orgulho fazia com que ela erguesse barreiras e o ignorasse até ele partir na manhã seguinte.

Esse padrão era destrutivo, e ela queria que acabasse. Com o tempo, se deu conta de que sempre que Jacob estava se preparando para partir a criança interior dela começava a entrar em pânico. A dor do abandono do pai despertava toda vez que seu parceiro estava se preparando para ir embora. Para estar presente com Jacob, Dakota precisaria fazer as pazes com seu pai e parar de carregar o peso do seu ressentimento passado até o presente. Ela começou a praticar o trabalho da criança interior, aprendeu a se autotranquilizar e escreveu cartas para o pai que deixou no altar e depois queimou. Com o tempo, conseguiu perdoar o pai por se afastar da maneira como se afastou e, embora ela ainda ficasse sensível quando pensava nele, não perdia mais o prumo. Em vez disso, estava aceitando sua história e, às vezes, conseguia até ser grata pela oportunidade de criar uma linda conexão consigo mesma durante o processo de cura.

Aos poucos, Dakota aprendeu a ser vulnerável e encontrar seu centro no relacionamento com Jacob nas noites que precediam as viagens dele. Em vez de brigar e afastá-lo, ela descobriu que suas noites juntos podiam ser íntimas e conectadas. Conseguir perdoar o pai a levou a um lugar de segurança e profundidade dentro de si. Depois de um tempo, Dakota começou a se entregar e depositar sua confiança na vida, sabendo que, já adulta, não poderia mais ser abandonada. E, mesmo se seu parceiro decidisse tomar um rumo diferente, ela sabia que ficaria bem.

Perdão é uma palavra carregada. Significa algo diferente para cada pessoa, dependendo das nossas experiências passadas e das pessoas com quem estamos. Significa ver a inocência por baixo de cada uma das nossas camadas de mágoa. Perdão é um caminho de compreensão e aceitação espiritual. Não tem a ver com perpetuar ou permitir comportamentos ruins nem justificar as ações de alguém. Em vez disso, nos proporciona um contexto mais profundo da experiência humana e nos oferece uma forma de *libertar* nosso coração — da raiva, da amargura e do ressentimento.

Mas curar essas feridas profundas leva tempo. É um processo lento e não linear que exige uma coragem imensa. É normal sentir resistência nessa parte do trabalho, ter medo de deixar para trás. O caminho para o perdão pode ser assustador porque significa que inevitavelmente vamos precisar sentir toda a nossa mágoa e tristeza em vez de nos proteger atrás da raiva e da culpa.

Embora a raiva justificada seja necessária e vital para o nosso processo de luto, não podemos ficar nessa energia para sempre. Sem os estágios finais de nos suavizar, voltar ao nosso coração e incorporar o perdão, ficamos presos em nossa história e o sofrimento nunca acaba. Nossa vulnerabilidade é o portal para o nosso poder.

O PERDÃO COMO UM CAMINHO PARA A LIBERDADE

Você já se deitou na cama à noite reprisando na sua cabeça uma pequena irritação ou mágoa que alguém lhe causou naquele dia? Já ficou no banho pensando nas coisas que diria para aquela pessoa se tivesse chance?

Todos precisamos ser capazes de perdoar os outros por pequenas falhas para manter relacionamentos saudáveis. As pessoas se magoam sem querer e cometem erros o tempo todo, e saber quando perdoar é vital. Se o perdão pelas pequenas coisas não vier fácil para você, deve haver uma história aí. Quando somos rápidos em ignorar os outros ou jogar a toalha em vez de tentar reparar, é provável que estejamos guardando alguma raiva do passado que nos impede de estar em relacionamentos harmoniosos. Podemos fazer afirmações generalizadas sobre como "todas as pessoas" são de determinada forma ou ver os outros por uma lente cínica, sempre esperando que as coisas se desenrolem como sempre foi antes.

Sentimentos de traição ou raiva pelo passado podem tomar conta da nossa existência e nos manter em um padrão de culpa, ressentimento e caos interno. E, embora possamos querer que a outra pessoa se responsabilize pelos seus atos antes de deixarmos para trás, a verdade dura é que guardar uma mágoa tem um preço alto para nós, não para eles. **Relacionamentos mal curados e mal resolvidos com nossos pais, irmãos, ex-companheiros e amigos do passado se mantêm profundos sob a superfície do nosso mundo emocional interior.**

Assim como Dakota com seu pai, quando conservamos nossa raiva pelas pessoas, elas passam a morar dentro da nossa psique, afetando subconscientemente a nossa vida exterior. Enquanto essas pessoas podem estar felizes sem saber do impacto que exercem, somos nós que sofremos. Pense no processo de perdão e aceitação como dar uma ordem de despejo a elas. Enquanto guardarmos nosso ressentimento e reprisarmos acontecimentos do passado em nossa mente, não somos livres.

Às vezes, no processo de seguir em frente, retemos nossos inimigos e as memórias que vêm junto com eles nas trevas sem nunca deixá-los para trás de verdade. Se em algum momento você pensa naquela pessoa ou experiência e ainda sente emoções negativas percorrendo seu corpo, é sinal de que essa é uma memória "carregada". O que essa "carga" está dizendo é que essa pessoa ainda detém certo poder sobre você. Sem que você saiba, ela ainda influencia a sua realidade atual. Se inconscientemente gastamos energia com essa pessoa, podemos sofrer ansiedade, exaustão e tensão em nosso corpo.

Perdão não é apenas fazer as pazes com o nosso passado. Às vezes, o perdão é e deve ser egoísta. Tem a ver com reaver nosso poder e não gastar mais energia com alguém que não merece um lugar em nossa vida. Tem a ver com eliminar tudo que pesa sobre nós e criar espaço em nossa consciência para algo ou alguém que vale muito mais.

Ao reconhecer os relacionamentos mal resolvidos na sua história, tenha consciência de que você pode se curar sem precisar de nada dessas pessoas. Você não precisa entrar em contato com um ex ou com os seus pais para obter respostas, para se expressar ou desenterrar o passado com quem não tem contato há muito tempo. Só aborde gente do seu passado se houver uma abertura clara para que isso aconteça e pareça algo que realmente merece ser feito. Lembre-se: deixar o passado para trás não é pelos outros — é por você. *O perdão é a estrada para a liberdade interna* e expande nossa capacidade de nos reabrirmos para o amor, confiarmos em nós mesmos e sentirmos a profundidade e a beleza que a vida tem a oferecer.

Sessão de escrita: Quem você está carregando junto?

Encontre um lugar tranquilo e leve de dez a quinze minutos para refletir. Escreva uma lista de todas as pessoas por quem você ainda possa estar nutrindo raiva, ressentimento ou questões mal resolvidas. Há alguém que o magoou que você talvez ainda esteja carregando na sua mente e no seu coração? Há uma memória ou uma pessoa que lhe traz um sentimento carregado, que ainda detém poder sobre você? Guarde essa lista; você vai precisar dela mais adiante para o ritual de perdão.

ENCONTRANDO ACEITAÇÃO PARA O IMPERDOÁVEL

À medida que eu amadurecia minha perspectiva, foi ficando mais fácil perdoar minha mãe e sentir compaixão por ela. Vi o trauma e o abuso que ela carregava da infância no corpo dela e, em vez de lamentar pelo que não recebi *dela*, comecei a lamentar *por* ela. Senti dor por todas as maneiras como sua mãe havia falhado terrivelmente com ela — muito além de qualquer experiência que já tive. O que entendi então foi que, quando encontrei o perdão pela minha mãe, eu ainda carregava muita raiva e ressentimento pela minha avó por todo o sofrimento que ela havia causado.

Minha avó era uma mulher muito abusiva e com problemas mentais, e as coisas que ela fez eram inexplicáveis. Eu não conseguia entender as atrocidades que ela cometia contra a própria filha. Não era capaz de sentir compaixão ou compreensão; os abusos dela eram grandes demais. Para mim, simplesmente não havia como entender o que ela havia feito.

Algumas coisas são imperdoáveis. É certo sentir raiva quando alguém ultrapassa limites. É certo buscar justiça. E é certo eliminar a energia de alguém da sua vida quando essa pessoa lhe causou mal. Você não precisa curar a pessoa com o seu amor nem salvá-la da própria dor. Esse trabalho cabe a ela, não a você. A partir dessa perspectiva, é possível se aproximar da aceitação.

A aceitação é importante porque, sem ela, vivemos resistindo a nós mesmos. Ficamos remoendo, desejando voltar no tempo, nos contorcendo de remorso ou pensamentos de vingança ou vemos o mundo com uma perspectiva desoladora. Quando conseguimos reconhecer que o que aconteceu não foi aceitável ao mesmo tempo que decidimos permitir a entrada de novas possibilidades, estamos nos dando a oportunidade de viver com o coração aberto novamente.

Menos do que ver a inocência da outra pessoa ou entender a origem das suas atitudes, a aceitação é uma disposição a reconhecer o passado pelo que ele é, com o conhecimento de que não temos como reescrever a história nem mudar a maneira como as coisas são. Com aceitação, podemos integrar nossa realidade e fazer uma escolha consciente de ver o que de bom ainda existe no mundo.

Perdão ou aceitação não significam

- Que você precisa permitir que a pessoa volte à sua vida.
- Que ela tenha uma segunda (ou terceira ou quarta) chance.
- Que o que ela fez é aceitável ou que ela não é mais responsável por aquilo.
- Que você está minimizando a situação.
- Que você não tem direito aos seus próprios sentimentos com relação ao que aconteceu.

Perdão ou aceitação significam

- Que você aceita que o que aconteceu não pode ser mudado.
- Que os seus sentimentos são válidos e que você está pronto para sentir algo diferente.

- Que você está pronto para se libertar de reviver o acontecido na sua mente e no seu sistema nervoso infinitamente.
- Que você não quer mais dar poder à pessoa guardando raiva e medo no seu corpo.

Você não precisa deixar passar antes de estar pronto

*Somos uma cultura que corre para a linha de chegada
e estabelece um prazo para o sofrimento.*

*Mas você não precisa seguir em frente nem sentir nada além
do que está presente para você agora.*

*Não tem problema esperar até estar pronto
para deixar para trás.*

Abra espaço para sua fúria, sua raiva, sua tristeza.

*Não há objetivos a atingir nem marcos a alcançar no
processo de deixar para trás.*

A única exigência é que você sinta as profundezas do seu ser.

*Que busque de uma forma como sua alma quiser buscar, que
procure de uma forma como precise procurar.*

*E que descanse até seu coração e seu corpo não precisarem
mais do inverno silencioso que o sofrimento traz.*

*Não dê ouvidos aos idealistas espirituais que dizem que suas
emoções de "vibração baixa" estão criando sua realidade,
que basta pensar positivo, que você só precisa "deixar para trás".*

Guarde.

Guarde e se permita ter essa experiência.

Deixe para trás devagar, deixe para trás com intenção, deixe para trás com cuidado.

Deixar para trás é uma cerimônia. É uma libertação de esperanças, sonhos, amor e vida perdidos.

Preste reverência ao processo. Deixe para trás devagar.

A paz virá.

OS OITO ESTÁGIOS DO PERDÃO

Assim como o luto, o perdão vem em estágios. Em certo sentido, é difícil separar o processo do luto do processo do perdão. Passamos pela negação, raiva, barganha, depressão e aceitação antes de finalmente sentirmos paz com nosso passado.

Estágio 1: Reconheça o que aconteceu

Você está na sua cabeça ou no seu corpo? Quando estamos magoados, às vezes saímos do nosso corpo e nos fechamos para evitar sentir a dor e a raiva. No começo do processo rumo ao perdão, você precisa voltar ao seu corpo e reconhecer como está se sentindo sobre o que aconteceu.

Estágio 2: Sinta sua raiva e sua tristeza

Não podemos apressar o processo de sentir nossas emoções sobre o que ocorreu. Sua raiva e seu fogo são tão aceitáveis e dignos de um lugar quanto seu amor e seu perdão. Vamos tateando nosso caminho pelo túnel da cura. Não sobra pedra sobre pedra. Onde quer que você esteja em sua jornada de cura, saiba disto:

Sua raiva é importante.
Sua tristeza é bonita.
Sua voz importa.
Seu coração é inocente.
É seguro voltar à verdade de quem você é.

Estágio 3: Chegue à dor que está por baixo

No capítulo 3, conversamos sobre aprender a encontrar o sentimento por baixo do sentimento. É provável que haja camadas na sua realidade emocional que precisem ser sentidas e reconhecidas antes de você conseguir deixar para trás. Quando acessar estados defensivos como raiva ou ressentimento, explore o que pode estar por baixo deles até chegar a um estado de vulnerabilidade.

Estágio 4: Entenda o seu passado

Explore como essa situação faz você se lembrar de algo que aconteceu no passado, talvez até na infância. Será que é mais difícil deixar para trás porque as dores de traição têm raízes profundas na sua história? Essa pessoa representa algo para você? Se precisar de mais ajuda para explorar essas sensações, no próximo capítulo vamos trabalhar para entender suas projeções.

Estágio 5: Tenha empatia com a sua dor

Quando alguém nos feriu ou nos causou mal, queremos que os outros tenham empatia. Queremos ser vistos e entendidos. No processo de encontrar o perdão, devemos praticar a empatia por nós mesmos e dar atenção à nossa criança interior. Para ter um diálogo interno, você pode só pôr as mãos no coração e perguntar à sua criança interior: "Se você tivesse palavras para mim, o que diria?". Deixe o seu coração falar e escute de verdade.

Estágio 6: Valide a sua realidade

Pode ser incrivelmente difícil seguir em frente se você se sentir invalidado na sua experiência. Trabalhar com um guia de confiança ou um terapeuta que ofereça empatia e validação durante seu processo é inestimável. No entanto, se não tem alguém assim na sua vida, é possível que você esteja esperando receber validação de alguém que simplesmente não pode lhe proporcionar isso. Aprender a se autovalidar é importante para que você possa confiar em si e se curar em sua própria linha do tempo. Tente alguns destes mantras para praticar a autovalidação:

"Estou me sentindo _____ e tudo bem."

"Posso sentir _____ e _____ ao mesmo tempo."

"Tenho o direito de me sentir como me sinto nessa situação."

"Fiz o melhor que pude nessa situação."

"Minha raiva é bem-vinda."

"Meu sofrimento é bem-vindo."

"Minha tristeza é bem-vinda."

"Eu mereço sentir paz."

Estágio 7: Aceite a nova realidade

Junto com qualquer conflito, grande mudança ou ruptura vem uma nova realidade. Queiramos ou não, a mudança é a única certeza que temos na vida. Quando você tiver passado pelos outros estágios, vai achar muito mais fácil aceitar sua nova realidade. Se notar que está muito resistente a aceitar sua realidade atual, talvez você precise passar mais um tempo nos estágios anteriores e se dar espaço para processar qualquer raiva, ressentimento ou tristeza remanescente. Lembre-se: não há pressa. Você não é melhor nem pior do que ninguém se levar mais tempo do que aquele amigo seu que superou em uma semana.

Estágio 8: Encontre paz

Depois de passar por todos os estágios de maneira franca, você vai naturalmente encontrar paz. À medida que passa por eles, talvez você se veja alternando entre uma sensação de completude e acessos de raiva ou tristeza. Isso é normal; você não está "regredindo" no seu processo. Novas camadas surgem por diversos motivos, então abra espaço para que isso aconteça e tenha curiosidade durante o desenrolar do seu processo.

O RITUAL DE PERDÃO

Este ritual vai ajudar você no seu processo de perdão. (*Assim como todos os rituais de carta deste livro, ele é apenas para você. Não envie essa carta para a pessoa.*) Pegue a lista que você criou de pessoas a quem ainda tem dificuldade para perdoar. Escolha uma delas para se concentrar neste ritual.

Escreva uma carta para a pessoa do passado

- Diga tudo o que quer dizer a ela — não guarde nada, por pior que possa parecer.

- Seja o mais sincero possível. Lembre-se: este é um processo terapêutico para você, mais ninguém.

- Ao escrever, pode ser que você descubra que sente um misto de raiva e tristeza intensas. A traição dói mais quando abrimos nosso coração para alguém (um ex, um dos pais, um amigo) e esse amor não foi valorizado.

- Escreva todas as coisas que queria dessa pessoa e todas as maneiras como ela decepcionou você.

Procure elaborar estas frases

Fique à vontade para escrever da maneira que preferir. As frases a seguir são úteis para estimular você a se aprofundar.
Tenho raiva de você porque...
Eu te odeio porque...
Eu te amo porque...
Algo que eu queria de você é...
Algo de que tenho medo é...
Algo que eu queria te dizer é...
O papel que representei na nossa relação foi...
Algo pelo que culpo você é...
Algo pelo que assumo responsabilidade é...
Estou disposto a aceitar...
Eu me perdoo por...
Estou disposto a libertar você de...

Assim como o ritual da carta apresentado no capítulo 6, você pode esperar até se sentir pronto e queimar essa carta em uma cerimônia de deixar para trás. Guarde a carta no seu altar até ter uma sensação genuína de paz, aceitação e disposição a deixar para trás.

Pontos para lembrar

- O perdão é para você, não para os outros.
- O perdão pode melhorar o seu bem-estar físico: sono melhor, mais energia, mais abertura no seu corpo.
- O perdão traz você de volta ao seu lugar de poder e proporciona liberdade interna.
- O perdão nem sempre significa reconciliação.
- Às vezes, o perdão se assemelha mais a aceitar para que você possa seguir em frente.
- Não é possível apressar o processo de perdão; cada estágio ao longo do caminho é valioso (tristeza, raiva, aceitação, paz).
- Você não precisa deixar para trás até estar pronto; é normal demorar.
- O perdão é um processo orgânico e não pode ser forçado.
- O resultado de passar pelos estágios do perdão com autenticidade é a paz.

PARTE TRÊS

EXPLORE SEUS PADRÕES DE
RELACIONAMENTO

Nossos companheiros não são nossos pais nem nossos filhos. Para crescer no amor, devemos libertá-los de nossos papéis e rótulos e abrir caminho para o mistério.

8. Entendendo projeções

Aprender a confiar e deixar o amor entrar quando não é algo historicamente seguro não é fácil. É normal nos resguardarmos quando fomos machucados ou traídos no passado — sem a capacidade de nos proteger não teríamos evoluído para o que somos hoje. Mas esse *mesmo* instinto de autoproteção pode nos afastar da verdadeira intimidade e conexão.

Mantemos o amor distante *projetando* as pessoas que nos magoaram no passado nas pessoas que estão tentando nos amar no presente. Quando nossa dor passada colore nossa realidade atual, ficamos presos em nossas projeções. Libertar-nos significa aprender a diminuir o volume dos alarmes falsos para podermos ver as coisas com clareza. Também exige criar uma sensação de segurança em nosso corpo para que nos sintamos confortáveis em derrubar nossas muralhas.

O amor pode estar bem diante dos nossos olhos, mas se estivermos presos em nossas projeções não seremos receptivos a ele. Quando projetamos, um amor intenso pode ser sufocante, tentativas de se conectar parecem controladoras, pequenos mal-entendidos são devastadores e o clima geral dos nossos relacionamentos é instável. Por outro lado, é comum termos normalizado a disfunção relacional e nos sentirmos atraídos por pessoas perigosas ou prejudiciais porque nunca conhecemos nada diferente. Também temos dificuldade de enfrentar o conflito ou atravessar desafios nos relacionamentos sem sentir o peso do passado nos puxando de volta para um território emocional caótico.

A saída não é evitar relacionamentos, impor limites rígidos que impeçam a intimidade nem testar a pessoa até não dar mais. A resposta está na nossa cura. Não escapamos da dor quando a evitamos; nós nos curamos encarando a chama e *convivendo* com a intensidade que surge à medida que reaprendemos o significado de abrir nosso coração e voltar a confiar.

Nossa identidade é em grande medida moldada pelo nosso passado. Mas esse processo está relacionado com aceitar o mistério da vida descascando as camadas da nossa realidade conhecida para abrir espaço para algo mais vasto. Deixe esse processo ser uma reorganização do seu condicionamento para que *você* — não o seu passado — esteja no controle do seu futuro.

COMO AS PROJEÇÕES INFLUENCIAM OS NOSSOS RELACIONAMENTOS

O que exatamente é uma projeção? É o deslocamento de uma emoção, e costuma ser um ponto escondido em nossa consciência que pode ser difícil de identificar. Uma *projeção* acontece quando vemos uma qualidade que existe em nós ou em alguém do nosso passado e a atribuímos a algo ou alguém fora de nós.

Com projeções, vemos o que estamos programados para ver. Podemos ter nossos gatilhos ativados facilmente quando um parceiro diz ou faz algo que nos lembra da nossa história e, assim, sobrepomos sinais de alerta. Nosso companheiro amoroso desaparece e tudo que vemos são todas as pessoas que já nos magoaram. Se crescemos com um pai que expressava a raiva de maneiras perigosas, ficamos hipervigilantes quando pessoas perto de nós ficam agressivas. Basta ver uma pessoa que se parece com o nosso ex para imediatamente não gostarmos dela ou então sentirmos uma atração maluca. Quando estamos em conflito, podemos descobrir que nossas queixas sobre nosso companheiro podem facilmente ser queixas que tivemos sobre nossos pais em algum momento. Estamos com alguém que é dedicado e honesto mas não conseguimos confiar nessa pessoa porque fomos magoados por outra no passado.

Grande parte do caos e da mágoa que sentimos em nossos relacionamentos é resultado de dor não processada da nossa história pregressa.

MANTENDO O AMOR A DISTÂNCIA

A primeira namorada de Harley a traiu quando ela estava no ensino médio. Embora sua namorada atual, Kim, fosse segura e confiável, Harley se pegava tendo ataques de ciúme toda vez que a companheira falava com outra mulher. Kim sentia uma frustração incrível com isso porque nunca havia feito nada que prejudicasse a confiança no relacionamento, e isso trazia uma sensação familiar de ser incompreendida e acusada injustamente de coisas que ela não fazia — um padrão recorrente em seu sistema familiar. Quando Harley reconheceu que estava projetando a ruptura do seu relacionamento do ensino médio em Kim, isso abriu uma porta para elas falarem sobre suas histórias familiares. Como resultado, as duas se sentiram mais vistas e passaram a entender a projeção como o que de fato era, aumentando sua capacidade de responder em vez de reagir nos momentos difíceis. Harley aprendeu a pedir uma tranquilização delicada quando precisava, e Kim conseguiu praticar estar presente em vez de ficar na defensiva quando Harley expressava seus medos.

Quando não perdoamos nem fazemos as pazes com mágoas passadas, nossos companheiros podem representar inconscientemente uma figura do nosso passado — em geral um cuidador, como nosso pai ou mãe, mas às vezes um irmão ou professor. Nos pegamos projetando uma certeza de que as pessoas com quem convivemos hoje serão indignas de confiança, incertas ou emocionalmente indisponíveis, assim como aquelas do nosso passado foram.

As projeções são um mecanismo de defesa, uma maneira de o nosso ego nos proteger de sentimentos dolorosos. Mas as projeções também nos afastam do amor.

Enquanto o objetivo do coração é a união e a unidade, o objetivo do ego é a separação. Pense no ego como seu cão de guarda interior. Se você já passou algum tempo com um cão resgatado que tenha sofrido algum trauma, deve ter notado que ele ou é extremamente tímido ou extremamente agressivo, latindo e mordendo mesmo quando não há nenhuma ameaça real. É preciso paciência e tempo para ensiná-lo que não precisa ficar o tempo todo em modo reativo. E é exatamente o mesmo quando temos traumas não curados nos assombrando em relacionamentos. Em certo sentido, trabalhar com o nosso ego é como adestrar seu cão de guarda interior para ser protetor quando realmente for necessário, e em outros casos se permitir ser caloroso, seguro e receptivo.

O ego não é algo negativo; pelo contrário, ele é essencial para a nossa sobrevivência — é o que nos permite nos envolver funcionalmente com a realidade. É só quando o ego começa a se desenvolver, em nossa infância, que começamos a ter consciência do tempo e do espaço e a formar uma identidade própria. No entanto, quando somos magoados, o ego ultrapassa sua função e assume o papel de defensor, protetor e competidor implacável. Não queremos erradicar nem destruir o ego. Em vez disso, queremos integrá-lo e dar espaço para que ele exista, mas sem assumir uma posição de liderança executiva em nossa vida e nossos relacionamentos.

Quanto mais evidências temos em nossa história de que vulnerabilidade não é algo seguro, mais nosso ego vai se defender afastando as pessoas inconscientemente e fechando nosso coração. Ao notarmos que estamos tentando nos autoproteger, nosso trabalho é praticar a autoconsciência e parar antes de reagir. Embora às vezes a autoproteção seja vital, em relacionamentos íntimos nos quais estamos dedicados ao amor nossa prática devocional é nos aprofundar abrindo o coração.

VENDO SUA REALIDADE ATRAVÉS DE LENTES PROGRAMADAS

O filho caçula de Yasuko tinha um temperamento que a fazia se lembrar da raiva da própria mãe. Isso acionava muitos gatilhos para ela, e Yasuko não conseguia ser tão acolhedora e compreensiva como gostaria. Quando ele tinha seus chiliques, ela regredia à velha dinâmica que criava mais distância entre eles, criticando-o e o isolando. Durante nossas sessões, ela fez um trabalho interior em torno da ferida de mãe. Com o tempo, conseguiu manter a calma quando seu filho tinha um acesso de raiva e vê-lo como um garotinho que precisava de apoio em vez de projetar sua mãe nele. Yasuko recuperou seu papel como a adulta em vez de a criança da relação e, embora seu filho ainda tivesse seus momentos, ela conseguiu ajudar a tranquilizá-lo em vez de reagir como fazia antes.

Quando projetamos, forçamos as pessoas a entrar em "papéis" que se encaixam nas histórias que estamos repetindo. Pode ser o papel do Agressor, da Mãe Brava, do Pai Ausente, do Professor Reprovador ou alguma outra figura da nossa história. Em nossos relacionamentos, pensamos que estamos brigando por causa de determinada coisa, mas na verdade estamos brigando por causa de algo muito mais antigo e profundo — a sensação de ser ignorados ou desrespeitados, desimportantes ou excluídos, exatamente como quando éramos pequenos.

Enquanto estivermos inconscientemente buscando fechar o ciclo, vamos reviver a experiência de novo e de novo na esperança de que, quem sabe dessa vez, o fim seja diferente. Mas, para termos um fim diferente de verdade, precisamos estar presentes — para ver as pessoas como elas são em vez de castigá-las pela dor que os outros nos causaram.

Projeções podem ser

- Presumir que seu companheiro atual vai agir como alguém do seu passado agiu — a mãe, o pai ou um ex.

- Temer ser controlado em um relacionamento porque um cuidador foi controlador no passado.

- Manifestar uma reação forte ou negativa a algo que uma pessoa faz porque aquilo toca em uma experiência passada dolorosa.

- Esperar inconscientemente que um parceiro resgate ou cuide de você (projetar um cuidador ausente em um companheiro).

- Sentir gatilho com a tristeza de um amigo ou companheiro porque um dos seus pais era emocionalmente indisponível por causa da própria depressão.

- Castigar inconscientemente um companheiro ou o relacionamento atual por algo que aconteceu no passado com outra pessoa.

- Sentir gatilho por causa de alguém que faz lembrar uma pessoa que magoou você no passado.

- Pôr as pessoas em um pedestal; se fazer de melhor ou pior do que os outros.

NÃO É SOBRE A NESPRESSO!

Vou compartilhar uma história engraçada sobre uma grande briga que Ben e eu tivemos no Natal alguns anos atrás. Já houve diversos mal-entendidos relacionados a presentes na nossa vida, todos com a sua própria história para contar. Conseguimos olhar para trás agora e rir, mas, como você sabe, na hora essas coisas nem sempre parecem engraçadas.

Faltavam poucos meses para o Natal e eu estava sentada à mesa da cozinha quando disse para Ben: "Acho que quero uma máquina de espresso de Natal!". Achei uma linda máquina da Breville (com um preço bom, diga-se de passagem) e mostrei uma foto para ele. "Como essa!", falei.

Ben respondeu: "Que tal uma Nespresso?", e eu disse: "Por favor, nunca me compre uma Nespresso, odeio aqueles troços!".

Meses se passaram e não voltei a pensar nisso. Então, no Natal, enquanto esperávamos a visita dos pais dele, eu disse: "Vamos abrir os presentes antes de eles chegarem". Tive uma intuição de que não queria uma plateia. Ele insistiu em esperarmos e abrirmos juntos, e concordei, relutante.

Meus sogros chegaram, jantamos e então abrimos os presentes. Ben me escreveu um lindo cartão e, enquanto eu o lia, meu coração se encheu de amor. Se ele não tivesse me dado nada além daquele cartão, eu teria ficado completamente satisfeita. Em seguida, ele pôs uma caixa grande na mesa. Rasguei o papel de embrulho e — adivinhe só — era uma maldita caixa da Nespresso! "Ele deve estar fazendo uma pegadinha", pensei comigo mesma. "Nunca que ele me daria exatamente o que falei que não queria." Mas, enquanto ele olhava para mim com um sorriso grande no rosto e percebi que, de fato, era uma Nespresso na caixa, perdi o ânimo e tentei fingir surpresa na frente de todos.

Assim que a troca de presentes acabou, ele se levantou e olhei para trás. Então vi uma grande coberta no chão escondendo mais presentes. Ele tirou a coberta e sabe o que havia embaixo? Caixas e caixas de dezenas de cápsulas Nespresso... *Dezenas, juro para você!* Eu não sabia o que dizer, então só saí da sala e Ben e o pai dele foram montar a máquina juntos.

No fim da noite, saímos para dar uma volta e tivemos uma discussão... ou, para ser mais exata, eu tive uma discussão. Estava muito chateada, chorando e absolutamente indignada com aquele presente. Embora eu soubesse que as intenções dele eram as melhores, naquele momento eu estava perturbada pela minha própria história interna.

Por que então estou contando isso? Porque o problema nunca foi a máquina Nespresso. Como eu disse, ele poderia ter me dado um cartão e eu estaria feliz! O problema não era o presente; era aquela velha sensação familiar de ser invisível, de não me sentir ouvida.

Ao ganhar algo que falei especificamente que não queria, eu me senti invisível e isso despertou a garotinha dentro de mim que nunca era ouvida na infância. Pulando de lar adotivo em lar adotivo na infância, sendo chamada de má pelos professores porque estava aos cuidados do sistema e proibida de brincar com certos amigos porque os pais deles pensavam que eu seria uma influência negativa deixaram uma marca em mim. Mesmo agora, depois de muito trabalho de cura, ainda sou sensível sobre não ser compreendida, vista e ouvida.

Se eu não tivesse a história que tenho, poderia ter apenas dado risada e dito "Obrigada, amor!" e falado depois que não gostei muito do presente. Mas aquilo trouxe algo muito antigo que claramente ainda estava vivo dentro de mim. Trouxe à tona tantas emoções que me fizeram perder de vista a realidade e acreditar que havia um grande problema no nosso relacionamento quando a verdade é que Ben me ama. Às vezes ele se esquece das coisas, como qualquer pessoa, e isso não é reflexo de uma falta de cuidado ou do quão disposto está a continuar crescendo no amor.

Como meu roteiro era que as pessoas mais próximas não me viam, a máquina de Nespresso serviu como evidência e se encaixou perfeitamente na história. "Você nunca escuta" e "você sempre" foi dito algumas vezes durante aquela briga. Não é que eu não tivesse razão em me sentir chateada por

Ben não me dar ouvidos, mas, quando estamos projetando, a carga emocional que acompanha um conflito é inflada, criando mais desconexão e turvando nossa capacidade de expressar nossos verdadeiros sentimentos. Se quisermos passar pelos conflitos com calma e compreensão, precisamos nos conscientizar da nossa história e da história das pessoas que amamos para podermos nos relacionar uns com os outros com clareza no coração.

COMO CURAR SUAS PROJEÇÕES

Quando estamos projetando, nosso sistema nervoso se ativa e nosso ego fecha o cerco. Podemos nos tornar mais defensivos, teimosos, indisponíveis, arrogantes, evasivos, ansiosos ou até maldosos. Por mais que a pessoa diga ou faça, se estivermos vendo através das lentes do passado não vai fazer diferença nenhuma. Podemos facilmente transformar alguém em um inimigo na nossa mente e afastar essa pessoa mesmo se o que quisermos é que ela se aproxime.

O primeiro passo para curar suas projeções é aumentar sua capacidade de conviver com o desconforto quando ele surgir. Na maior parte do tempo, uma projeção é difícil de perceber no momento porque o gatilho parece tão real que justificamos nossas reações. Quando a intensidade da emoção é demais, tentamos descarregá-la ou fazer com que se torne o problema de outra pessoa. Ao conviver com nossas sensações corporais e dar nome a elas em vez de projetá-las com linguagem acusatória, críticas e atitudes defensivas, conseguimos transformar uma memória dolorosa em um momento de cura. Um momento no qual podemos nos libertar da antiga história e criar o tipo de conexão e intimidade que realmente queremos.

Um breve momento de pausa pode nos dar a autoconsciência de que precisamos para reconhecer quando estamos projetando e voltar ao centro. Ao fazer isso, construímos uma ponte entre nosso eu passado e nosso eu presente para que possamos dizer ao nosso corpo e nosso cérebro que estamos seguros. A pessoa diante de você hoje não é seu pai, mãe, professor ou cuidador. É provável que ela reflita comportamentos e qualidades semelhantes aos de alguém do passado, mas é uma pessoa diferente com sua própria história, traumas e questões particulares.

Quanto mais conseguirmos ver os outros pelo que eles realmente são, mais clareza teremos ao escolher amigos e companheiros.

Certa vez, quando Ben e eu estávamos brigando, eu estava no meio de um sermão sobre todas as formas como ele não me apoiava quando de repente paralisei e me dei conta de que tudo que eu estava falando para ele poderia ter sido facilmente dito para a minha mãe. Quando caí em mim, o que eu estava falando sobre Ben não era direcionado a ele de maneira alguma. Meu orgulho não me deixou assumir isso naquele momento, mas algumas horas depois precisei me responsabilizar por jogar minhas feridas em cima dele injustamente. E, às vezes, isso é o melhor que podemos fazer. O importante é fazermos o esforço de assumir a nossa responsabilidade emocional de maneira consistente.

Curar seus padrões não significa que você nunca mais vai se ver em uma situação semelhante (é muito provável que aconteça, pois é difícil se livrar de velhos padrões). Significa que você vai ter uma chance de responder de maneira mais gentil e agir a partir da sua verdade, e não da sua ferida.

Como saber que estamos projetando

- Nos sentimos fora de controle em nossas reações.
- Nossa raiva parece desproporcional à situação.
- Ficamos relutantes em considerar realidades alternativas.
- Temos certeza de que conhecemos as intenções da outra pessoa.
- Pensamos saber exatamente como as coisas vão se desenrolar.

ATRAVESSANDO MOMENTOS
EMOCIONALMENTE INTENSOS

Quanto mais carga emocional você sentir em uma situação, maiores são as chances de que a intensidade emocional esteja relacionada a algo além do motivo superficial da briga. Seus sentimentos são válidos e sua experiência emocional importa, mas é fundamental não se concentrar inteiramente na primeira reação que vem.

Se você estiver afastando o amor num momento em que realmente quer conexão, é possível que esteja se autossabotando. É sua criança interior chorando para chamar sua atenção, pedindo para ser ouvida. Pode parecer mais fácil ignorar nosso papel nos nossos padrões e jogar toda a responsabilidade nos outros, mas no fim isso só causa mais decepção, pois o que a maioria de nós quer de verdade é ser vista e valorizada.

Por baixo das nossas projeções e atitudes defensivas sempre há uma vulnerabilidade. Sua missão é criar um laço com a sua vulnerabilidade e cuidar dela diariamente, sobretudo em momentos muito carregados. Cuidar da sua vulnerabilidade pode ser falar palavras amorosas para si mesmo, deixar entes queridos o verem quando você não está com tudo sob controle ou dar uma boa chorada purificadora. Quando baixamos nossas defesas e abrimos espaço para a nossa humanidade, podemos desenvolver um diálogo interno honesto com nós mesmos.

Aumentando a consciência em momentos de intensidade emocional

Da próxima vez que se vir em conflito ou na defensiva, faça uma pausa da situação. Você não tem como resolver os problemas quando está com os gatilhos ativados. Em vez disso, dê um passo para trás e faça este exercício para se autocentrar e chegar ao cerne da questão:

1. Faça algumas respirações profundas. Ponha as mãos no coração e na barriga.
2. Conecte-se com o seu corpo e nomeie suas emoções e sensações. Isso vai ajudar você a voltar ao momento presente.
3. Agora entre em sintonia e se pergunte:
    - *O que estou sentindo?*
    - *O que isso me traz à tona?*
    - *De quem ou do que essa pessoa me faz lembrar?*
    - *Que sentimentos estou tentando afastar agora?*
    - *Do que realmente preciso que tenho medo de pedir ou não acredito que possa ter?*
    - *O que tenho medo de dizer? O que tenho medo de sentir?*

4. Note as sensações em seu corpo, como formigamento, tensão, calor, aperto ou vibração.
5. Enquanto nota as sensações, apenas respire e fique com elas por um momento.
6. Encontre um lugar no seu corpo que esteja calmo, relaxado e aberto.
7. Inspire nesse lugar calmo, relaxado e aberto e sinta essa experiência.

Aqui vai um exemplo de constatação que alguém pode ter depois de diminuir a velocidade e refletir sobre a origem das suas emoções intensas e atitudes defensivas: *Agora estou culpando e atacando, mas por trás da culpa e do ataque estão uma tristeza e uma raiva profundas. Do que realmente preciso agora é saber que sou amado e que meu parceiro não vai a lugar nenhum. Tenho medo do abandono. Essa situação me lembra de quando eu era pequeno e me ignoravam sempre que expressava grandes emoções.*

Quanto mais você entrar nas camadas de sentimento por baixo do sentimento, mais perto vai chegar do cerne da questão. Não basta tentar encontrar uma saída racional de um gatilho ou momento que afeta você profundamente. Seu cão de guarda interior precisa saber que está seguro antes de sair das linhas de frente e, para que isso aconteça, seu sistema nervoso precisa entrar em ação.

A INTELIGÊNCIA DAS NOSSAS PROJEÇÕES

Tendemos a simplificar as projeções como se significassem que o que vemos nos nossos relacionamentos não é válido porque é uma projeção. Mas você pode estar projetando *e* estar em uma dinâmica que não é saudável. Ao avançar pelos próximos capítulos, vamos explorar a diferença entre um sinal de alerta e um alarme falso para ajudar você a determinar quando impor um limite e quando acolher.

Curar nossas projeções nos dá o poder de ver nossos relacionamentos como eles são. Isso nos permite reconhecer quando estamos tentando inconscientemente conquistar o amor de uma pessoa porque ela nos lembra de algum dos nossos pais e, em vez disso, decidirmos nos afastar. Às vezes, vemos o ponto em que sempre nos autoabandonamos ou permitimos que os outros ultrapassem nossos limites, ou as áreas em que cedemos ou mudamos para nos encaixar na vida de outra pessoa em vez de ser quem somos de verdade. O que as projeções muitas vezes nos mostram é onde estamos prontos para crescer.

Todos projetamos em nossos relacionamentos; é algo da natureza humana, que nunca nos abandona por completo.

A melhor maneira de sair do costume de fazer projeções fortes nos seus relacionamentos é aprender a identificar quando você está envolvido na projeção e sair dela. Isso se consegue quando somos honestos conosco e dispostos a assumir que estamos prisioneiros de uma história.

Curar nossas projeções nos permite sair do drama e entrar em um mundo no qual podemos ser úteis. Em algum momento da nossa cura, precisamos ir além e começar a retribuir. Essa jornada é uma preparação para que você volte a si e consiga dividir sua energia com o mundo de uma maneira que seja impactante, centrada no coração e alinhada com o propósito da sua alma.

Pontos para lembrar

- Uma projeção acontece quando você está sentindo uma ferida ou traição do passado como se estivesse ocorrendo no momento presente.

- Quando está preso em uma projeção, você pode sofrer uma carga emocional intensa e ter dificuldade para ver as coisas da perspectiva da outra pessoa ou para atravessar o conflito de maneira saudável.

- Quando as emoções estão em alta, não é hora de chegar ao cerne das questões. Concentre-se em se tranquilizar e processar sua experiência e, então, voltar ao problema.

- Estar consciente das suas projeções é um dos passos fundamentais para quebrar ciclos insalubres em seus relacionamentos.

- Todos projetamos e isso não é motivo de vergonha, mas a maneira como lidamos com essas projeções quando elas surgem muda à medida que a cura acontece.

Alguns de nós estão aqui para ser os agentes da mudança em nosso sistema familiar. Estamos aqui para acabar com o trauma geracional e começar a passar adiante amor em vez de dor.

9. Transforme seus padrões de relacionamento

As pessoas costumam chegar a este livro achando que vão eliminar algo por completo — uma velha maneira de ser, um comportamento ou uma convicção. Queremos romper nossos padrões e lavar as mãos de vez. E achamos que, se pararmos apenas essa coisa, vamos nos sentir amados e inteiros. *Se ao menos eu pudesse parar de sair com pessoas "indisponíveis". Se ao menos conseguisse parar de ser crítico em relação aos outros. Se ao menos conseguisse deixar de ser carente.* Mas não é erradicando nossos padrões que os eliminamos; na verdade, quando buscamos erradicá-los damos ainda mais energia a eles.

Tudo é energia. Ou alimentamos ou exaurimos nossos padrões dependendo de como escolhemos direcionar nossa energia. Para mudar um padrão de verdade, devemos aprender a canalizar nossa energia de maneira consciente. Nossas emoções e nossos padrões operam em uma frequência energética. Quando a nossa energia não é contida, podemos cuidar mal dela oferecendo-a ao drama em cartaz — dedicamos a energia a nos vingar, guardando ressentimento e nos comportando de maneira reativa. Nos entregamos a discussões insensatas ou criamos atrito em nossos relacionamentos só para sentir alguma coisa. Se olharmos para a energia como uma escada, a base dela é nossa forma de expressão mais baixa: inconsciência, ódio e destruição; no alto, temos consciência, amor e expansão. À medida que evoluímos na escada, elevamos a transformação da nossa energia a um patamar superior ao direcioná-la conscientemente em vez de deixar que escorra de nós de maneira inconsistente.

Nossos padrões se transformam naturalmente à medida que aprendemos a controlar nossa energia de maneira responsável. Tudo tem dois lados: amor e ódio, luz e sombra, positivo e negativo, interno e externo. É tudo o mesmo, embora o impacto seja muito diferente dependendo da frequência em que são expressos. É nisso que vamos trabalhar neste capítulo. Você vai aprender a ver cada padrão e resposta na sua vida como energia e vai desenvolver a consciência para direcioná-la de modo adequado para comportamentos, reações e escolhas que melhorem sua existência e abram portas para mais harmonia. A todo momento, há uma escolha: *Você quer botar sua energia nesse padrão? Ou quer parar e direcionar todo esse poder para outra coisa?* Para transformar, precisamos parar de alimentar os padrões que estamos prontos para transcender.

O QUE É UM PADRÃO DE RELACIONAMENTO?

Kenya sempre pareceu se atrair pelo tipo indisponível e "difícil". Durante uma sessão juntas, depois de meses se sentindo exausta com encontros que não davam em nada, ela compartilhou comigo seu entusiasmo quando conheceu Jacq. Seu lindo futuro começou a tomar forma na mente dela enquanto Jacq a enchia de amor, presentes e afeto.

Elus tinham encontros românticos e a química sexual era fora de série!

Mas então, do nada, Jacq começou a se afastar. Por dias, Kenya ficava sem notícias delu. Ela ficou devastada e ansiosa, perguntando-se o que fez de errado. Elu voltava dias ou até semanas depois com muitas desculpas, dizendo como tinha sentido falta dela.

Ela deixava Jacq voltar pensando: *Se eu tornar as coisas mais fáceis, elu não vai embora de novo*. Por isso, ela cozinhava, emprestava dinheiro, enchia Jacq de afeto e largava tudo quando elu ligava. Nunca dava opiniões nem recusava convites na esperança de que elu ficasse dessa vez. Depois de ir e voltar assim por meses, Jacq acabou dando um ghosting nela de vez. Infelizmente, não foi a primeira vez que Kenya tinha um fim de relacionamento como esse. E foi só quando ela se deu conta do próprio *padrão de autoabandono* que começou a mudar sua energia.

Ao notar ansiedade no corpo, em vez de reagir como costumava fazer, se doando, ela passou a dedicar sua energia ao autocuidado. Preparava uma refeição para si mesma, dava uma volta ou resolvia algo na vida prática que aumentava sua sensação de segurança e paz interior. Ela também fez um esforço para vencer sua resistência a dizer não e se tornar mais criteriosa em relação às pessoas com quem passava seu tempo. Com essa mudança, Kenya conseguiu interromper o ciclo e atrair um parceiro disponível com quem se sentia livre para ser ela mesma — com limites e tudo.

Mesmo que fiquemos com pessoas diferentes, podemos nos ver na mesma situação com o mesmo carrossel de conflitos, decepções e desafios. Por mais que tentemos, não conseguimos fugir de padrões de relacionamento. Em vez disso, nossos padrões vão conosco aonde quer que formos, reapresentando-se a cada novo parceiro com quem criamos uma relação. Ficamos encantados a princípio com a adrenalina inicial de uma nova conexão, mas, mais cedo ou mais tarde, a vida real chega e voltamos ao ponto inicial. Mais uma vez, lá estamos na mesma velha disputa de poder, sentindo frustrações assustadoramente semelhantes às que tivemos em relacionamento passados.

Esses padrões são nossas margens de crescimento relacional e o trabalho que nossa alma veio fazer nesta vida. Mas, quando você se dá conta de um padrão — "Eu me fecho para o amor", "Tenho medo de estar em meu poder com alguém que amo", "Eu me perco no outro" ou qualquer que seja —, a evolução já começou. Conscientizar-se dos seus hábitos lhe oferece a oportunidade de se tornar mais consciente sobre em qual canal você escolhe operar.

Padrões comuns de relacionamento em que podemos estar

- Entrar na dança ansiosa-evitativa.
- Fugir ao primeiro sinal de conflito.
- Provocar conflito e criar caos sempre que as coisas começarem a parecer seguras.
- Costumar ser trocado por outra pessoa.
- Trair ou ser traído repetidas vezes.
- Correr atrás de pessoas indisponíveis ou emocionalmente perigosas.
- Perder contato consigo mesmo quando está em um relacionamento.

- Alternar entre parceiros perigosos e excessivamente seguros, sem nunca ter ao mesmo tempo paixão e intimidade emocional.

- Ter medo de intimidade profunda (contato visual, proximidade).

- Reprimir sua verdadeira expressão.

- Ser um camaleão ("Sou quem você quiser que eu seja").

Quando curamos nossos padrões de relacionamento, o que realmente estamos fazendo é "desaprender" as formas como passamos a defender nosso coração ao longo da vida. Aprendemos a entrar em um lugar seguro dentro de nós, voltando a construir uma conexão saudável com nosso corpo, nossas emoções e nosso mundo interior. As grandes chancelas da segurança incluem conseguir manter relacionamentos duradouros, receber apoio quando necessário, confiar nos outros e ter um alto nível de autoestima.

Em certo sentido, parece mais seguro continuar no padrão em que estamos (mesmo que seja doloroso) em vez de nos libertar do condicionamento e encarar a incerteza de tudo. Desaprender não é fácil. Pelo contrário, é desorientador e, muitas vezes, decepcionante. Pode ser perturbador ver as maneiras como perpetuamos nosso próprio caos nos relacionamentos. Mas o poder da cura está em reconhecer que, mesmo quando cometemos erros, somos dignos de viver o amor saudável. Uma das melhores maneiras de praticar estar seguro nos relacionamentos é por meio das amizades. Elas são espaços em que podemos demonstrar nossa vulnerabilidade, ter curiosidade e abertura e praticar a imposição de limites. Enquanto começa a incorporar esse trabalho, lembre-se de que pode levar esses princípios para todos os relacionamentos da sua vida.

QUAL É A SUA MARCA DE RELACIONAMENTO?

Cada um de nós carrega uma *marca de relacionamento* que nos segue por toda a vida. Moldada por nossos primeiros apegos, é a marca de como nos relacionamos com os outros no nível romântico e nossas tendências quando começamos a nos aproximar de alguém. Alguns de nós tendem a se afastar da conexão, enquanto outros são mais propensos a se aproximar dela, às vezes a ponto de se perder no processo.

Ficamos presos em velhos padrões quando continuamos a operar a partir da certeza de que o problema está apenas no companheiro ou no relacionamento em vez de reconhecer que somos o denominador comum de todas as nossas experiências. Estamos sendo convidados a lançar uma luz para dentro de nós e nos fazer as perguntas difíceis. **A primeira e mais importante é:** *O que o padrão está tentando me ensinar?*

Se formos conscientes e atentos, começaremos a ver as formas como nossos companheiros, assim como os relacionamentos que escolhemos, revelam partes de nós que querem vir à tona, ser vistas e curadas. É nelas que nossos medos inconscientes e feridas mais profundas se ativam.

Às vezes o padrão nos mostra que precisamos expressar nossas necessidades e impor limites mais firmes. Em outras, expõe nossas tendências codependentes ou de agradar os outros. Ou o nosso medo de intimidade, mágoa e abandono, ou o pavor existencial de termos alguma coisa de errado. Para alguns de nós, a lição é aprender a encarar os desafios e parar de fugir da intimidade. Para outros, é dizer "Basta" e ir embora. Todos estamos aqui para aprender, e as lições que surgem são unicamente da nossa trajetória pessoal.

Entender sua marca de relacionamento vai ajudar você a decodificar seus padrões de apego e quais são suas lições pessoais nos relacionamentos. Embora haja três arquétipos principais — oceano, montanha e vento —, sua marca de relacionamento não é uma caixinha onde se acomodar nem uma identidade à qual se apegar. Como seres humanos, somos incrivelmente dinâmicos, e o apego é cheio de nuances. Você pode encontrar aspectos de si em todos os arquétipos, e isso é normal. Em geral, você vai ver que se identifica mais com um arquétipo do que com os outros.

Leia as descrições a seguir e veja com qual se identifica mais (se quiser fazer o teste on-line, acesse BTOQUIZ.com [em inglês]).

Tipo Oceano

Expressão fortalecida: Cuidadoso e acolhedor, expressivo, atencioso, intuitivo, sensível, ama plenamente, pensador, sonhador.

Maior desafio: Você pode se sentir ansioso e inseguro em relacionamentos, ou obsessivo e em busca de tranquilização constante. Você tem tendência a se autoabandonar e largar amigos ou interesses pessoais por um parceiro. Ao buscar uma sensação de controle, você pode se tornar hipercrítico a respeito das pessoas com quem está e criar expectativas impossivelmente altas.

Sua prática: Aprender a se manter fiel a si mesmo em um relacionamento, mostrar-se por inteiro e pedir o que quer mesmo durante o conflito. Sua prática também é aprender a se tranquilizar para não se sentir desesperado, ansioso ou com medo quando surgirem conflitos ou quando começar a namorar.

Tipo Montanha

Expressão fortalecida: Estável, sincero, confiável, leal, comprometido, fiel, cuidadoso, sábio, paciente, mantém amizades e hobbies mesmo quando está em uma relação amorosa.

Maior desafio: Os tipos montanha têm tendência a se doar demais, a se tornar o cuidador, o "forte" da relação, e a dar prioridade aos problemas dos outros em vez de aos seus. Atraindo parceiros evitativos ou carentes, você pode se sentir solitário com frequência, como se poucas pessoas entendessem sua profundidade. Você também pode assumir o papel de professor ou instrutor em seus relacionamentos e achar essa dinâmica exaustiva com o tempo.

Sua prática: Sair do papel de cuidador e se deixar ser apoiado às vezes. Pedir ajuda, mesmo se souber que consegue fazer aquilo sozinho. Dar às pessoas a chance de se virarem sozinhas e lembrar que não é sua função salvar nem consertar ninguém. Saber quando cortar o cordão e terminar um relacionamento, e quando é o momento de amolecer e enfrentar o trabalho. Lembre-se: são necessárias duas pessoas dispostas, e você não tem como salvar todo mundo.

Tipo Vento

Expressão fortalecida: Autossuficiente, gosta de viver a vida em seus próprios termos, guiado pela liberdade, gosta de ficar só, acha a solidão revigorante, sabe se virar e é bom em resolver problemas, tem habilidades naturais de liderança.

Maior desafio: Às vezes é evasivo ou causa um impacto nos outros sem perceber. Você tende a ser imprevisível e intenso e tem dificuldade para demonstrar emoções ou vulnerabilidade, evitando estados mais profundos de intimidade ou perdendo o interesse diante de comportamentos "pegajosos". Também pode sofrer uma solidão extrema e sentir que as pessoas não o entendem ou não conseguem chegar até você.

Sua prática: Aprender a estar em um relacionamento com outra pessoa enquanto mantém a sensação de liberdade. Em vez de evitar conflitos, os tipos vento estão sendo convidados a aprender a encarar sentimentos incômodos por tempo suficiente para voltar à harmonia com amigos e parceiros. Sua prática é compartilhar seus sentimentos e aprender a se expressar de maneira plena em vez de guardar tudo para si ou esconder.

AS CONVICÇÕES FALSAS QUE ALIMENTAM OS NOSSOS PADRÕES

Se a autoconsciência, a segurança e a devoção são o alimento dos relacionamentos conscientes, as convicções falsas são o adubo dos padrões negativos. Nossa sociedade é tão cheia de convicções falsas sobre relacionamentos que podemos nem notar como pegamos essas convicções e as incorporamos na maneira como vemos o amor.

A certeza de que só é possível ter química sexual ou amor seguro (nunca os dois), que conflito não é uma coisa normal, que o relacionamento certo vai fazer os nossos problemas desaparecerem, que os nossos companheiros vão nos salvar do nosso passado, que o casamento e o compromisso são sinônimos de falta de sexo ou que temos que fazer as pessoas passarem por poucas e boas para podermos confiar nelas são convicções falsas clássicas que nos impedem de ter o que queremos. Mas não precisamos acreditar nessas velhas narrativas repetidas que reforçam uma cultura de desconexão e drama. Com intenção e disposição, podemos cocriar parcerias apaixonadas, confiáveis e espiritualmente cheias de vida.

Padrões disfuncionais de relacionamento se sustentam em nossos temores internalizados e convicções limitantes. As consequências são alguns dos medos que ficam no fundo da nossa psique perpetuando nossas dificuldades relacionais. Reflita sobre suas convicções. Pense em como você se vê nos relacionamentos. Existe uma convicção que continua a ressurgir?

- Não sou o suficiente.
- Sou exagerado demais.
- Todos me deixam.
- Minhas emoções são indignas de amor.
- Preciso de salvação.
- Não mereço ser feliz.
- Tenho que trabalhar muito para merecer amor.
- Tenho que ser o salvador nos meus relacionamentos.
- Sempre vou ser estragado.
- Não consigo deixar ninguém se aproximar demais.
- Ninguém me entende.

Reconhecer as convicções falsas que carregamos nos proporciona a autoconsciência de mudar drasticamente como nos relacionamos com os outros. Quando tomamos posse de nós mesmos como seres inteiros e dignos, expressamos por meio do nosso corpo e da nossa energia que estamos prontos para encarar a vida. Ao deixar nossas limitações lá fora, podemos nos abrir para ser conhecidos quando amamos.

OS CONTRATOS INCONSCIENTES QUE FAZEMOS CONOSCO

Virginia Satir foi uma psicoterapeuta que deu uma grande contribuição para o campo da terapia familiar. Nos anos 1950, o trabalho dela estava longe de ser lugar-comum — ela descobriu que as famílias tinham contratos inconscientes ou acordos tácitos que se esperava que todos ali seguissem. Contratos inconscientes eram a forma de os pais se sentirem no controle e manter as coisas na intimidade mesmo que fossem disfuncionais, distantes ou limitadores para o resto da família.

Todos temos acordos tácitos em nossos relacionamentos, mas quanto mais examinamos nossos valores e nosso condicionamento parental, mais capazes ficamos de nos libertar de "regras" que não servem mais para um propósito útil ou que nos afastam do eu autêntico.

Como os contratos inconscientes podem agir

Sonja tinha dois filhos e trabalhava fora. Seus pais emigraram de Taiwan antes de ela nascer, e ela sempre teve um pezinho nos dois mundos. Na sua casa, não era normal descansar: "Você precisa trabalhar muito e conquistar o que puder" era o mantra dos seus pais, que precisaram trabalhar incansavelmente para sobreviver em um país novo. Sonja trabalhava o dia inteiro e ocupava todos os horários que tinha com algo para fazer. Ela queria passar mais tempo com os filhos, mas sua agenda era tão cheia que ela começou a sentir que estava perdendo seus melhores anos juntos.

À medida que ficava mais velha, Sonja foi percebendo que não conseguia parar — ela não sabia como relaxar de verdade. Inclusive, não sabia ao certo se já havia tirado férias de verdade em algum momento na vida. Ao destrinchar esse padrão, Sonja percebeu que vinha se matando de trabalhar para manter um contrato inconsciente com seus pais — o que era irônico, porque até seus pais estavam falando para ela descansar mais agora! Ela começou aos poucos a abrir pequenos espaços na agenda para não fazer nada. Ela não conseguia acreditar em toda a pressão que havia se imposto ao longo dos anos. Sonja encontrou a liberdade ao romper o velho contrato e firmar um novo, que ela criou de maneira consciente, para passar mais tempo brincando e relaxando com os filhos.

Contratos inconscientes e convicções falsas bastante comuns

- Não demonstre suas fraquezas para os outros (emoções são sinônimo de fraqueza).

- A raiva é inaceitável/perigosa (você não tem direito de ter raiva).

- Não se pronuncie nem expresse sua opinião (não ocupe espaço).

- Esteja sempre batalhando, conquistando e trabalhando (não é aceitável descansar).

- Dinheiro é ruim; não faz bem ter abundância (o dinheiro deixa você egoísta).
- Mantemos nossos assuntos em casa (não é bom ser vulnerável ou pedir ajuda).
- Ter limites é egoísta (somos todos entrelaçados).
- É minha função manter a paz, custe o que custar (sou responsável por todos).
- Meus pais precisam de mim para ter apoio emocional (é minha função ser o cuidador/não posso receber).

É importante se lembrar de que o motivo pelo qual concordamos com esses contratos inconscientes, para começo de conversa, é termos uma sensação de segurança e pertencimento dentro do nosso sistema familiar. Sair do papel que foi atribuído a nós parece perigoso. Traz o medo de sermos marginalizados. Todos os seres humanos têm uma necessidade profunda de pertencimento, por isso a maioria entra no jogo mesmo que isso signifique se negligenciar no processo. No encerramento desses velhos contratos está a nossa chance de pensar nos tipos de hábitos e rituais que gostaríamos de passar para a geração seguinte — algo sensato a considerar, quer decidamos ser pais ou não.

POR QUE BUSCAMOS PESSOAS EMOCIONALMENTE INDISPONÍVEIS

Se seu padrão é se ver atraído por pessoas com tendências emocionalmente indisponíveis ou evitativas, seu trabalho interior é olhar as maneiras como você está se abandonando ou fugindo de *si mesmo*. Às vezes, outras pessoas agem como uma distração para você não sentir o que está dentro. Se estivermos ocupados demais tentando fazer por merecer a validação e o amor de outra pessoa, não temos tempo para reduzir a velocidade e conviver com as partes de nós que não achamos merecedoras ou dignas de amor.

E se toda a energia que você dedica buscando, competindo e tentando forçar alguma coisa a acontecer fosse redirecionada para a autorreflexão? Às vezes ficamos presos em um ciclo com pessoas emocionalmente indisponíveis porque temos, em certo nível, medo de sermos vistos de maneira plena e completa. *Buscar o amor indisponível é o mesmo que evitar o amor disponível.*

Para quebrar esse padrão, precisamos nos dispor a ver como nossos medos profundos e feridas do passado podem manter uma velha história viva muito depois da sua data de validade. Se você estiver buscando um relacionamento ou companheiro, mergulhe fundo. Que sentimento você está tentando atingir? É amor? Aceitação? Segurança? Validação? Seja honesto consigo mesmo. Não há motivo para sentir vergonha. Não importa a resposta, saiba que quem quer que você esteja buscando não é a pessoa que pode lhe dar essas coisas. Quais são as partes que você está tentando esconder? Converse com elas. Quais são os seus desejos mais profundos? Declare-os. O que você quer sentir? Cultive esse sentimento. Seu trabalho é praticar a autovalidação e permanecer fiel a si mesmo, em conexão com seu corpo e seus valores fundamentais.

ESCOLHA O SEU CANAL

Para aqueles que cresceram em ambientes caóticos nos quais o amor era profundamente condicional ou onde acolhimento emocional e cuidado não eram coisas disponíveis a caçada pode parecer incrivelmente atraente. Sentimos uma onda de adrenalina quando há turbulência ou drama, e isso não é porque somos perturbados ou queremos o pior para nós — é a nossa programação emocional. É o que conhecemos.

Particularmente, conheço esse padrão até demais. Na minha juventude, eu era viciada pela fase de lua de mel, pela onda de substâncias químicas que vinham com romances novos e difíceis. Eu estava sempre buscando algo fora e sempre acabava profundamente infeliz assim que as coisas começavam a ficar calmas. Mas como eu não tinha base para um amor saudável, e não entendia que os relacionamentos nem sempre eram cheios de mudanças súbitas e altos e baixos intensos, pensava que tinha alguma coisa errada quando a intensidade passava.

Na infância, pulei de lar adotivo em lar adotivo (frequentei oito escolas de ensino fundamental em sete anos!). Meu "normal" era o caos. Meu sistema nervoso estava programado para confusão e mudança. Foi só quando mergulhei fundo no meu próprio trabalho de cura que comecei a perceber o padrão. Sempre que eu começava a ficar ansiosa, encontrava algum defeito na relação. Quanto mais rotineira e estável a coisa ficava, mais eu a considerava insossa e sem paixão. Então eu reduzia minha vida a cinzas e começava tudo de novo.

Quando comecei a identificar isso em mim, tive a oportunidade de aprender a trabalhar com o padrão em vez de tentar erradicá-lo. **Em vez de virar minha vida de ponta-cabeça,** encontrei formas de transmutar a atração energética pelo caos alimentando a minha relação com aventura e criatividade.

Quando começava a sentir isso se agitando dentro de mim, eu falava em voz alta comigo mesma e lembrava meu corpo de que eu merecia uma existência calma e segura. Então encontrava uma maneira de dar à minha criança interior o que ela desejava de forma saudável. Eu planejava um acampamento. Redecorava um cômodo da casa. Começava um projeto. Encontrava maneiras de canalizar essa energia em algo produtivo que me ajudasse a curar minha vida em vez de implodi-la.

Conforme ia fazendo isso mais e mais, minha relação com o caos se transformou a ponto de o meu sistema nervoso se reprogramar a não apenas gostar de calma e segurança mas a sentir falta dessas coisas. Se eu tivesse escolhido ignorar esse padrão por vergonha ou medo, talvez ainda estivesse sob seu controle. Não me curei me livrando dele; me curei reconhecendo que ele fazia parte de mim, e então decidindo como trabalhar com a sua energia.

Alguns dos personagens mais destrutivos no mundo e na mídia também são as pessoas mais criativas — eles apenas administram mal sua energia. Se você olhar para a maioria dos vilões de filmes, eles costumam ser muito inteligentes e poderosos. O problema é que entregaram sua energia a uma espiral de consumo, vingança e destruição. Mas se esses mesmos personagens decidissem canalizar sua energia de outro modo, poderiam ter mudado o mundo para melhor. Todos temos essa capacidade — podemos decidir o canal. Vamos entregar nossa energia ao drama infinito que pede toda a nossa atenção ou vamos ver a distração como ela realmente é e nos conscientizar de onde depositamos nossa energia?

Curar nossos padrões de relacionamento não significa que o padrão vá desaparecer por completo. Mas o que muda é a intensidade e a capacidade de trabalhar com eles sem fazer a casa cair. Reescrevemos nossa história transformando os *comportamentos* que acompanham nossos padrões, aprendendo a responder aos nossos medos, ansiedades e conflitos de relacionamento com gentileza em vez de reagir a partir da nossa ferida.

DESCUBRA SEUS PADRÕES DE RELACIONAMENTO

Agora vamos fazer um exercício para ajudar você a descobrir o tema dos seus padrões de relacionamento. Esse passo a passo vai permitir que você desenvolva autoconsciência e chamar atenção para as formas como pode impor limites saudáveis e se alinhar com suas verdades.

Os padrões de relacionamento são fios em comum que se entrelaçam de um relacionamento a outro. Todos têm um padrão em seus relacionamentos e na vida em geral. Isso nem sempre é um problema, mas quando o padrão faz com que você e seu companheiro se sintam subvalorizados, abandonados, insuficientes ou exagerados vale a pena olhar para ele.

Lembre-se: ao aprender a testemunhar o padrão quando surge e aceitá-lo, você reduz o poder que ele tem. Se você se pegar entrando em autojulgamento durante esse exercício, redirecione-se à autocompaixão. **O autojulgamento e a rejeição ao padrão são a cola que garantem que você continue nele.** Em vez disso, quando o padrão surgir, veja se consegue encará-lo com compreensão e, talvez, até algum humor.

Se tiver um amigo que esteja lendo este livro junto com você ou participar de um clube do livro de *A pessoa certa é você*, pode pedir para seu interlocutor oferecer reflexões e fazer mais perguntas para ajudá-lo a ter uma visão mais aprofundada das suas respostas.

Passo 1: Explore suas primeiras exposições a relacionamentos, sexo e amor

Aqui você vai responder a perguntas sobre sua relação com os seus pais. Explorar essa relação vai proporcionar informações sobre como você vê e vive outros relacionamentos.

Perguntas para se fazer

- Como era sua relação com os seus pais? Eles estavam juntos, casados, divorciados?
- Eles se davam bem? Havia brigas, comportamento passivo-agressivo, comunicação amorosa e aberta, sufocamento, ciúme, traição, honestidade, segredos?
- Como o seu pai se comportava perto da sua mãe?
- Como a sua mãe se comportava perto do seu pai?
- Você já viu seus pais fazendo sexo, trocando afeto físico ou declarações de amor?
- Quais foram seus primeiros pensamentos, ideias ou convicções sobre casamento ou como uma relação deve ser?
- Quais foram seus primeiros pensamentos, ideias ou convicções sobre sexo?
- Seus pais conversavam com você sobre sexo? O que eles diziam?

- Seus pais conversavam com você sobre amor, conexão e relacionamentos? O que eles diziam?

- Como você se sentia perto dos meninos ou homens durante a infância? Por exemplo, você sentia mais segurança, insegurança, medo, interesse, incômodo ou conforto do que com mulheres?

- Como você se sentia perto das meninas e mulheres durante a infância? Por exemplo, você sentia mais segurança, insegurança, medo, interesse, incômodo ou conforto do que com homens?

Passo 2: Explore sua história de relacionamento

Comece em seu primeiro relacionamento romântico significativo e avance até o último ou aquele em que está atualmente.

Perguntas para se fazer

- Como o relacionamento começou?

- Quanto tempo durou?

- Que sentimentos você teve com mais frequência na relação?

- Sobre o que costumavam ser seus conflitos?

- Qual era a situação emocional do seu companheiro? Ele era amoroso, evitativo, ansioso, agressivo, ciumento, atencioso?

- Como o relacionamento terminou?

Passo 3: Descubra seu padrão de relacionamento pessoal

Agora você pode repassar tudo que descobrimos e ver se percebe algum tema específico. Você pode encontrar semelhanças em coisas como físico, profissão ou personalidade, ou até achar difícil encontrar alguma semelhança. Onde você vai descobrir mais informações sobre si mesmo é no tema emocional — a experiência emocional comum de cada relação.

Perguntas para se fazer

- Você alternou entre dois tipos de parceiros, como o tipo "seguro e entediante" e o tipo "perigoso e sexy"?

- Você sofreu algum tipo de traição em cada relacionamento, como mentira ou infidelidade?

- Você costuma se sentir invisível, ignorado, frustrado, desimportante ou alguma outra experiência emocional?

- Você se atrai mais por pessoas evitativas ou ansiosas?

- Você se atrai mais por pessoas que não estão disponíveis, seja do ponto de vista emocional ou porque já estão em um relacionamento?

Passo 4: Trabalhe com a sua energia

Sua prática não é rejeitar o padrão sempre que ele surgir, mas jogar com ele de maneira mais engenhosa. A vida adora nos testar, e há infinitas oportunidades de praticar mudar nossa energia — quando alguém nos corta no trânsito, quando uma pessoa próxima nos decepciona, quando temos um dia esquisito. A cada momento estamos escolhendo nossas reações. Ao se conscientizar do seu impacto energético, você desenvolve uma prática consciente de pegar sua energia e direcioná-la para a autenticidade e a verdade.

Pontos para lembrar

- Tudo é energia. Seus padrões se transformam quando você aprende a canalizar sua energia em uma direção mais fortalecedora.

- Você não precisa "consertar" nem se livrar dos seus padrões de relacionamento.

- Integrar seus padrões significa que você os aceita e pode responder com maturidade em vez de deixar sua criança interior ferida assumir o comando.

- Os padrões de relacionamento são um reflexo do seu primeiro condicionamento familiar, sistemas de convicções e contratos inconscientes.

- Seus padrões de relacionamento são o trabalho que você deve empreender nesta vida. Eles podem nunca passar por completo, mas a maneira como se mostram vai mudar e se suavizar à medida que você se cura e se integra.

- Quando você entra em sua versão mais fortalecida e incorpora maturidade em seus relacionamentos, os mesmos padrões que antes abalavam seu mundo agora irão oferecer belas oportunidades de vulnerabilidade e conexão.

Não se castigue pela maneira como agiu por causa da dor quando estava no modo de sobrevivência.

Respeite suas muralhas de proteção pelo que elas proporcionaram a você.

Confie no seu coração.

Sua inocência sempre esteve lá.

Deixe que uma história nova nasça de tudo que você aprendeu e superou para chegar aqui agora.

10. Autoconsciência compreensiva

Quando éramos crianças, muitos de nós foram criados com o modelo disfuncional de castigo e vergonha. Sempre que nos expressávamos fora de hora (birras, chiliques etc.), nos recusávamos a terminar o prato, brigávamos com um irmão ou extravasávamos, fomos recriminados, mandados para o quarto para ficar sozinhos e repreendidos por sermos "maus". Alguns também foram castigados fisicamente com palmadas ou surras. A teoria do apego nos ensinou que usar essas táticas de controle para ensinar lições às crianças causa um grande estrago na autoestima delas — e pode até intensificar questões comportamentais. Crianças sensíveis se comportam expressando agressividade, e isso só se agrava quanto mais elas forem castigadas, ouvirem que são ruins ou forem separadas do resto do grupo.

Castigo e humilhação não nos ensinam a ser pessoas melhores; nos ensinam que algo em nós não está certo, e aprendemos a internalizar, nos rebelar, nos autorrejeitar ou usar uma máscara para nos encaixar. Ensinam que não podemos confiar em nossos cuidadores e que o laço se quebrou, forçando-nos a buscar aprovação no mundo exterior. Na vida adulta, muitos de nós ainda carregam esses padrões por meio de comportamentos autodestrutivos como nos autodepreciar, abrir pouco espaço para o erro, ignorar nosso corpo e nossas necessidades de descanso e compaixão ou projetar nossa desconfiança ou nosso medo de controle nos outros.

A mudança não acontece por meio de críticas, julgamento e culpa, mas por meio de conexão, encorajamento e reconhecimento. Enquanto estivermos partindo de uma narrativa de que somos defeituosos ou não somos bons o bastante, não temos como nos curar, porque na origem dos nossos padrões está a certeza de que merecemos sofrer. O segredo para a autoaceitação é encarar nossos padrões com autoconsciência compreensiva — para conseguirmos crescer, assumir responsabilidade por nossa vida e viver em alinhamento com nosso coração, não apenas por nós mesmos, mas também por nossa família e nossa comunidade.

Pense em algumas das maneiras pelas quais você foi condicionado a silenciar sua voz, abafar seu poder ou agradar aos outros. Você pode ter ouvido que era um problema, sensível demais, barulhento demais ou tímido demais. Pode ter até assumido alguns desses rótulos como sua identidade. Chega o momento em que devemos olhar com sinceridade para o diálogo interno que carregamos conosco e nos livrar de todo o barulho para incorporar nossos dons ao mundo.

Ao começar a destrinchar seus padrões, você irá reconhecer maneiras como age de modo inautêntico em seus relacionamentos, um hábito que aprendemos há muito tempo como forma de autoproteção. Em vez de se julgar, tenha curiosidade sobre quem está por baixo da máscara. Quando encaramos nossos padrões com curiosidade, quase sempre descobrimos que todas as escolhas que fizemos têm origem em um desejo de amor, conexão ou segurança — e como podemos estar errados nisso?

Agora seu trabalho é relaxar seu condicionamento tomando posse da sua vida e de como você age no mundo. À medida que embarca nessa estrada de autoconhecimento, há três ferramentas para levar com você: autocompaixão, autoaceitação e autoperdão.

Autocompaixão

Estabelecer um diálogo interno gentil e amoroso é a base da autocompaixão. Quando nos rejeitamos, nós nos depreciamos e nos comparamos a um padrão impossível de perfeição. A autocompaixão pode ser algo como nos dar um tempo para descansar e tomar cuidado para reformular nossos autojulgamentos negativos, transformando-os em pensamentos mais amorosos e acolhedores.

Autoaceitação

Parte de ser humano é saber que temos a capacidade de sermos bons e maus. A autoaceitação não significa permitir comportamentos prejudiciais nem lavar as mãos no momento de agir para fazer mudanças reais, mas sim abrir espaço para todas as partes de nós estarem lá. Livrando-nos da vergonha, somos capazes de trazer mais honestidade ao nosso processo. Só então podemos assumir nossa autenticidade e baixar nossas defesas.

Autoperdão

Quando você confronta um aspecto do seu comportamento passado ou seu papel em um padrão, sua maior oportunidade de transformação está na sua capacidade de ser gentil consigo mesmo. Note como seu corpo se sente quando você se apropria dos seus padrões. Se sentir tensão, aperto no peito, vergonha, calor ou alguma outra sensação que seja incômoda, não há problema em diminuir a velocidade, voltar à sua respiração e repetir pensamentos amorosos para si. Um bom mantra para recitar é: "Você está em segurança, você é bom, e eu te perdoo".

IGNORANDO O NOSSO MENSAGEIRO INTERIOR

Quando eu tinha dezenove anos, me sentei no sofá da casa do meu novo namorado. Vamos chamá-lo de Sean. Ele tinha acabado de falar comigo em um tom muito agressivo, e a energia que estava emanando era maldosa e conflituosa. Enquanto eu olhava pela janela para o estacionamento do lado de fora do prédio dele, a mensagem chegou em alto e bom som: "Ele é uma pessoa perigosa e vai se tornar abusivo". Mas, em vez de me levantar e sair, ou terminar com Sean, eu me mudei para a casa dele e continuei lá por cerca de um ano. Ele se tornou sim abusivo e era mesmo incrivelmente perigoso.

O que nos leva a ignorar o nosso mensageiro interior e como nos perdoamos por não lhe dar ouvidos? Com certeza você vai se lembrar de um ou muitos casos em que ignorou sua intuição, não deu atenção aos pequenos sussurros ou pontadas gigantes no seu corpo que diziam que havia algo errado. Você pode ter justificado um comportamento ofensivo ou gastado tempo demais tentando ajudar alguém a ver a luz quando, na realidade, estava se pondo em risco.

Por anos depois que esse relacionamento terminou, fui incrivelmente dura comigo mesma por não confiar na minha intuição. O autojulgamento e o remorso me prenderam num ciclo de vergonha. Foi só quando consegui encontrar compaixão por mim e o que estava por baixo do meu impulso para ignorar minha intuição que comecei a mudar.

A maioria de nós ignorou nossa intuição ou desprezou sinais de que algo não estava certo, e uma das partes mais difíceis do processo de cura pode ser encontrar compaixão por nós mesmos. Achamos que sabemos como vamos reagir ou responder quando estivermos ameaçados ou diante de um conflito, mas a verdade é que não sabemos ao certo até chegarmos lá e, muitas vezes, quando o modo de sobrevivência se ativa, reagimos como nunca pensamos que reagiríamos. Podemos negar, entrar em estupor, congelar, revidar, nos tornar pegajosos ou, em alguns casos, fugir. É comum que nossas reações nos surpreendam. Às vezes não vemos nenhum dos sinais, mas isso não significa que nossa intuição esteja com defeito ou que nunca mais vamos poder confiar em nós mesmos. Talvez a outra pessoa tenha inconscientemente agido de maneira parecida com alguém da sua infância, mas "diferente o bastante" para você achar que dessa vez conseguiria ter suas necessidades atendidas.

Quando uma parte não curada de nós está no comando, nossa mente subconsciente está tão concentrada em fechar um ciclo aberto que tendemos a ignorar ou justificar quando algo parece estranho. Encontre empatia pela parte de você que queria ser amada, a parte de você que queria se curar.

ASSUMINDO SUA PARTE DO PADRÃO

Minha dinâmica com Sean era de fúria, insegurança e caos. Todas as minhas defesas escondidas vinham à superfície e, embora eu não fosse responsável pelas atitudes dele, contribuía para a dinâmica com a minha própria raiva descalibrada e minhas reações emocionalmente imaturas. Em vez de olhar para dentro, a relação que cocriamos era uma extensão das nossas feridas sendo atiradas um contra o outro.

Chega um momento no processo de cura em que nos voltamos para dentro para confrontar as maneiras como perpetuamos um padrão ou dinâmica inconscientemente.

Uma das muitas preocupações que ouço das pessoas quando falo do trabalho de responsabilização em meus programas é que isso parece autoculpa, ou que as faz sentir que é culpa delas o fato de seus relacionamentos não terem dado certo ou de alguém as ter machucado. Isso não está nem um pouco alinhado com a verdadeira essência do trabalho de responsabilização.

Assumir nossos padrões não significa que estamos aqui para nos culpar; significa que estamos prontos para despertar e assumir o controle da nossa vida. Que não escolhemos mais nos ver como indefesos, e sim que estamos prontos para incorporar nosso fogo, nosso poder. Significa que estamos dispostos a olhar atrás da cortina e parar por tempo suficiente para ver como podemos estar repetindo histórias antigas em nossos relacionamentos que realmente precisam morrer para conseguirmos nos transformar. Também significa nos responsabilizarmos por nossa mente, nossos julgamentos, nossos pensamentos raivosos e as maneiras como culpamos, projetamos, criticamos ou reclamamos em vez de criar mudança em nossa vida, falar diretamente com nossos medos/vontades/necessidades ou impor um limite.

O verdadeiro trabalho de responsabilização deve estar aliado à autocompaixão para ser efetivo. Quando assumimos nosso papel com uma perspectiva de aceitação, as portas se abrem para uma autoconsciência mais profunda. Curar não significa apagar seu passado e tentar se tornar uma pessoa completamente diferente; significa reconhecer as coisas que vinham dominando sua vida em silêncio para que você possa fazer melhor da próxima vez.

NOSSOS PADRÕES MUDAM QUANDO MUDAMOS

Muitos de nós resistem a fazer o trabalho de responsabilização porque é algo muito confrontador e costuma trazer uma espiral de vergonha e autojulgamento. Mas é possível assumir a responsabilidade pelo nosso papel no padrão com uma perspectiva de amor-próprio e nos encarar como se fôssemos um pai amoroso criando uma criança inocente.

Embora se responsabilizar pela sua mente, suas emoções e seus comportamentos doa às vezes, a recompensa é que você é levado de volta à sua posição de direito no comando da sua vida. Se não nos apropriamos dos nossos padrões, sentimos um conforto temporário envolto em um cobertor de ignorância feliz, mas isso também significa que estamos destinados a entrar de novo no mesmo ciclo — acreditando que, se ao menos conseguirmos encontrar a pessoa certa, as coisas vão mudar. As coisas só vão mudar quando mudarmos — e saber que temos um papel em nossos padrões de relacionamento significa que temos a capacidade de mudá-los.

Esse trabalho é vital para alguém que deseja ser um namorado consciente, um amigo cuidadoso e um ser humano integrado a sua comunidade. Não é fácil admitir que às vezes podemos ser excessivamente críticos, duros, agressivos, desdenhosos, evasivos, controladores, dominadores, defensivos ou ofensivos. É igualmente desafiador nos perdoarmos por aceitar pessoas perigosas em nossa vida.

Mas a verdade é que todos temos a capacidade de causar dor e mágoa — sem exceção. Não podemos nos deixar no purgatório para sempre; devemos reunir nossas lições e tentar outra vez.

Cuide do seu corpo emocional com gentileza enquanto descobre aspectos da sua personalidade que ficaram escondidos nas sombras, e lembre-se de que se apropriar não significa que você é uma pessoa ruim. É por meio da autoconsciência que criamos confiança, maturidade emocional e liderança em nossa vida e nossas comunidades.

LANÇANDO UMA LUZ PARA DENTRO

No interior de cada um de nós há partes que preferimos negar ou esconder porque acreditamos ser indignas de amor, desagradáveis ou que ameacem nossa sobrevivência. Nossa programação emocional é um aspecto dessa repressão. Notamos os sinais do mundo ao nosso redor do que é aceitável e do que não é, e nos conformamos a esses padrões, distanciando-nos de certos lados da nossa personalidade. Como resultado, tendemos a relegar as partes de nós com quem temos menos contato para o porão da nossa mente.

Quando estamos completamente desconectados das nossas próprias partes rejeitadas, elas saem enviesadas, causando destruição em nossos relacionamentos e nos fazendo sentir vergonha quando surgem de maneira inesperada. Ficamos presos num modo reativo, respondendo a nossas grandes emoções de uma perspectiva imatura ou ferida, descontando nos outros ou no mundo ao nosso redor sem conseguir lidar com a intensidade que surge dentro de nós.

Com o trabalho de responsabilização e autoconsciência, é possível ver o que há por trás e nos tornarmos emocionalmente mais estáveis, libertando-nos para atravessar o mundo de maneira harmoniosa. Isso também nos permite encarar nosso perfeccionista interior em momentos de estresse com mais compaixão. Um passo de cada vez, entramos em um estado mais relaxado de ser e estar em paz com quem somos.

CURANDO NOSSO PERFECCIONISTA INTERIOR

Anos atrás, em um dos meus círculos de mulheres, havia uma participante chamada Mina com uma forte veia perfeccionista que a impedia de assumir riscos e se expressar, pois tinha muito medo de fazer algo errado. Seu visual incluía óculos de aro quadrado e um coque firme e arrumado no alto da cabeça, um reflexo de sua necessidade interna de manter as coisas perfeitas e organizadas. Mina sofria de ansiedade e quase nunca ocupava espaço, mesmo quando era convidada a isso. Em grupo, expressamos para Mina que desejávamos ver a energia dela livre e a desafiamos a soltar o cabelo. Naturalmente isso era um desafio para ela, mas, devagar, observamos Mina se transformar, primeiro com o cabelo solto e, depois, com a energia mais solta. Sua ansiedade se aliviou e ela começou a usar mais a voz em grupo. Hoje, Mina atua em uma posição de liderança e cofacilitação dos círculos de mulheres.

Perfeccionismo não tem a ver com ser ambicioso ou "bem-sucedido". O perfeccionismo é uma busca exaustiva que nunca acaba, pois vivemos sob a certeza de que nada que fazemos é bom o bastante e somos constantemente dominados por um medo de errar. O medo diz: "Se eu errar, não sou digno de amor". Esse padrão desgastante de abandonar nossos desejos e necessidades para priorizar aprovação, elogio ou validação dos outros é uma forma de autoabandono. O perfeccionismo também se projeta para fora em nossos relacionamentos, levando-nos a ser muito críticos e pôr pressão demais em nossos companheiros para alcançar um padrão impossível.

Libertar-se do perfeccionismo é vital para levar uma vida de alegria e criatividade, o que envolve assumir riscos e se abrir para as possibilidades da vida. Não podemos atravessar uma porta para o desconhecido se nos confinarmos e confinarmos os outros a padrões rígidos e inatingíveis.

Sinais de perfeccionismo

- Ser hipercrítico em relação a si mesmo e aos outros.
- Defender-se do amor e da proximidade criando problemas.
- Ter dificuldade para celebrar suas próprias conquistas ou vitórias porque acredita que não são boas o bastante.
- Sentir que nunca vai estar à altura do que quer que seja.
- Comparar-se e competir com os outros.
- Sofrer uma pressão constante para produzir, fazer mais, ser melhor.
- Ter dificuldade para descansar, diminuir o ritmo, relaxar e se render.

No fundo de qualquer *ferida perfeccionista* costuma haver um medo de que, se diminuirmos a velocidade ou abrirmos mão do controle, sentiremos algo que estávamos evitando ou descobriremos que os nossos piores medos sobre nós mesmos são verdadeiros. Os perfeccionistas costumam ser profundamente autocríticos, mas também se defendem da intimidade e da conexão profunda sendo excessivamente críticos em relação a si mesmos e aos outros, dizendo, na prática: "Se sempre houver algo a criticar não preciso chegar perto demais de você e correr o risco de me magoar". É preciso coragem para admitir que podemos ser os responsáveis por afastar o amor ou até sabotar nossos relacionamentos.

Se você se reconhecer na ferida de perfeccionismo, esse é um convite para respirar fundo e se permitir ser o humano lindamente imperfeito e maravilhoso que é. A vida não é feita para ser controlada e perfeitamente organizada. Precisamos diminuir o ritmo e estar dispostos a permitir que os nossos verdadeiros eus venham à tona, sem autojulgamento ou padrões impossíveis.

Maneiras de praticar o desapego ao perfeccionismo

- Tente deixar sua casa um pouco bagunçada quando vier alguma visita.

- Faça a arte, escreva o post ou compartilhe a criação imperfeita e não formulada.

- Dance sem inibição ao som da música que ama.

- Lembre-se de que não há problema em cometer erros.

- Permita-se ter sentimentos como raiva, fúria, ódio e tristeza sem julgamento.

- Peça para um amigo preparar o jantar se estiver fazendo uma reuniãozinha em vez de tentar fazer tudo sozinho.

- Escute seu corpo e crie espaço para dias de descanso e altos e baixos emocionais.

- Faça algo um pouco diferente na sua rotina, mesmo que seja soltar o cabelo como Mina fez, ou tentar um visual novo que seja interessante e um pouco ousado para você.

COMO FAZER O TRABALHO DE RESPONSABILIZAÇÃO

Responsabilizar-se pelos seus padrões exige notar quando você julga, critica ou culpa os outros e, então, parar e se perguntar: *O que estou evitando em mim ao me concentrar no mundo externo?* Quando você sente ciúme, raiva ou autopiedade, pense em qual medo fundamental está por baixo desse sentimento. Ser consciente é aprender a fazer a conexão entre sua cabeça e seu coração. Se a sua mente estiver acelerada ou você começar a sentir desconforto ou tensão no corpo, diminua o ritmo e encontre sua respiração para não projetar a energia para fora e, em vez disso, conseguir se autorregular e se apropriar da sua experiência.

Quando lançamos uma luz para dentro, nosso farol deve sempre ser a autoaceitação para que possamos integrar todas as qualidades que compõem quem somos. Sem nada para mascarar ou defender, nós nos suavizamos naturalmente e nos tornamos mais disponíveis para essa dança chamada vida.

Sessão de escrita: Trabalho de responsabilização

Pegue seu diário e uma caneta e se permita um tempo para estar com seus pensamentos, medos e sentimentos. Responda às perguntas a seguir, oferecendo a si mesmo gentileza e compaixão ao longo do processo. Saiba que não é apenas aceitável, mas *saudável* sentir grandes emoções enquanto mergulha dentro de si e abre velhas feridas para se curar. Você está em segurança.

- Qual é a sua emoção automática num conflito (por exemplo, raiva, tristeza, medo, ansiedade)?
- Como você costuma se expressar quando está chateado (por exemplo, gritando, atacando, culpando, constrangendo, pedindo desculpas em excesso, se fechando)?
- De que emoções você tem mais medo nos outros?
- Que opiniões você tem sobre essa emoção?
- Você se permite expressar ou sentir essa emoção? Quando sente, o que acontece?
- Existe algum sentimento recorrente da infância que costuma aparecer em seus relacionamentos adultos (por exemplo, sentir-se ignorado, invisível, indefeso, abandonado)?
- Que traços ou características nos outros o repelem (por exemplo, ganância, ciúme, raiva, ostentação, arrogância)?
- Você vê alguma dessas características em si mesmo? (Mergulhe fundo aqui; assumir um pouquinho de responsabilidade pode levar você longe!)
- Se sim, escreva um pouco sobre como esses traços ou características surgem na sua expressão.

- Que lados seus você mostra quando está mais à vontade com alguém ou com seus amigos mais próximos (por exemplo, bobo, expressivo, sério)?
- O que as pessoas supõem sobre você que o magoa?
- O que você deseja que as pessoas vejam em você?
- Como você pode incorporar mais disso agora?
- Com que emoção você gostaria de aprender a ficar mais à vontade?
- Que hábito ou padrão de comportamento você está disposto a mudar?

Ninguém cura seus padrões apenas escrevendo; esse processo é feito para ajudar você a sentir mais conexão consigo e entender o que está acontecendo sob a superfície de suas reações e defesas. Você não precisa "fazer" nada com essa informação além de permitir que ela traga mais autoconsciência e o convide a um estado de compreensão mais profunda por você.

COMPARTILHE SEU PROCESSO COM OS OUTROS

Muitas das mulheres com quem já trabalhei se sentem assoberbadas quando finalmente integram o que significa se responsabilizar pelos seus padrões. É comum querer entrar em contato com um ex do passado para compartilhar tudo que aprenderam. Embora seja tentador compartilhar suas revelações com um ex, isso não é muito recomendável, sobretudo se a relação tiver sido tumultuada ou abusiva de alguma forma. Seu trabalho de responsabilização é vulnerável e sagrado, e você não precisa compartilhar nada com as pessoas que magoaram você para se apropriar e seguir em frente. Se estiver em um relacionamento agora, você pode querer compartilhar suas descobertas com seu parceiro atual, mas tome cuidado para fazer isso dentro de um contexto e esteja preparado para tudo.

Como orientação, sugiro que espere para compartilhar um processo íntimo do seu trabalho interior até tê-lo integrado de verdade ou até que se sinta pronto para compartilhá-lo sem esperar validação. Seus entes queridos podem ou não recompensar você por se abrir de maneira tão vulnerável, e também é possível que você receba uma resposta de que não goste muito. Por esse motivo, sugiro manter seu processo para você e compartilhar apenas com pessoas em quem sabe que pode confiar e que têm alguma base para esse trabalho, como um terapeuta, coach, guia espiritual, amigo ou companheiro — e desde que essas pessoas tenham demonstrado que conseguem abrir um espaço amoroso para a sua vulnerabilidade ou que você esteja disposto a assumir a responsabilidade pelo que acontecer com você caso não receba a resposta que queria.

AUTOCOMPAIXÃO MOMENTO A MOMENTO

Adotar uma mentalidade mais compassiva quando passamos por um momento frágil ou reincidir num velho mecanismo de enfrentamento faz toda a diferença para saber se ser autoconsciente é sustentável ou não. Em momentos nos quais você reage de formas que provocam vergonha ou culpa, lembre-se de que a perfeição não é o objetivo. Fale consigo mesmo com o afeto que dedicaria a uma criança inocente e preciosa.

Prática de autocompaixão em ação

Ponha uma das mãos no coração e a outra na barriga e faça algumas respirações longas, lentas e profundas. Experimente a seguinte técnica: inspire por quatro segundos, segure por quatro segundos, expire por quatro segundos. Agora, como você pode suavizar seu diálogo interno? Que palavras encorajadoras, gentis e amorosas você precisa ouvir? Você também pode elaborar as seguintes frases em um diário:

Embora eu tenha reagido _____, ainda sou uma boa pessoa.

Embora agora eu me sinta _____, sou digno de amor.

Embora agora me sinta _____, posso encontrar outros sentimentos por baixo como _____ e _____.

Tenho orgulho de mim por _____.

Pontos para lembrar

- O autojulgamento e a vergonha nos mantêm presos em nossos padrões. O segredo para seguir em frente é a autoconsciência compreensiva.

- Muitas das nossas partes rejeitadas foram escondidas para sobreviver, conquistar amor e ganhar aprovação. Ao trazer compaixão e aceitação para essas partes de nós, mudamos a maneira como nos identificamos com nossos padrões e recuperamos o nosso todo.

- Responsabilizar-se significa representar um papel ativo na sua vida e nos seus relacionamentos em vez de ser um espectador inocente.

- O trabalho de responsabilização não tem a ver com se culpar, e sim com o poder para se mostrar de maneira mais consciente.

- O trabalho de responsabilização é libertador porque, no fundo, o objetivo de tudo é a autoaceitação!

- A autoconsciência abre caminho para que a transformação mais profunda aconteça.

- Ninguém é perfeito; é normal cometer erros.

Seu corpo é sagrado.

Sua energia é sagrada.

Escolha seus amores
e amigos com cuidado.

Esta vida é valiosa demais
para ser desperdiçada
com pessoas que gostariam
de limitar você.

11. Sinais vermelhos, sinais verdes

Se ao menos a vida fosse tão simples quanto resumir comportamentos a pequenas listas simples e concisas! Tudo que precisaríamos fazer em um encontro seria um checklist e pronto — acabou a disfunção nos relacionamentos! Mas a vida não pode ser resumida a listas organizadas, e reconhecer sinais vermelhos exige muito mais nuances do que marcar quadradinhos. Neste capítulo, vamos analisar sinais vermelhos, amarelos e verdes em detalhes. No entanto, em vez de gastar a maior parte do tempo nos sinais vermelhos, vamos nos concentrar em como são os sinais verdes.

Pense um pouco: se estivéssemos sempre em busca dos sinais vermelhos, o que estaríamos procurando? Exatamente, *mais* do mesmo. É esse o tipo de energia que você quer levar junto cada vez que conhece alguém ou vai a um encontro? É mais poderoso estabelecer as bases de como é um relacionamento saudável e feliz para que você consiga normalizar os sinais verdes e não esperar nada menos das pessoas com quem interage. Também vou falar de como diferenciar um sinal vermelho de verdade de um alarme falso; em outras palavras, é medo ou intuição?

Em certa medida, há sinais vermelhos universais como abuso e violência. No entanto, você pode encontrar algumas coisas na lista dos sinais amarelos que acha que deveriam estar na lista dos sinais vermelhos, como mentira ou traição. Haverá coisas que continuam sendo subjetivas para você, seus valores fundamentais e suas circunstâncias.

Apenas cem anos atrás, o divórcio era um grande tabu; quase todos os casais se casavam depois de um namoro muito breve e, então, ficavam juntos mesmo se fossem infelizes. Agora, passamos para o outro lado do pêndulo, em que corremos para sair de um relacionamento e somos menos propensos a encarar as situações difíceis. Mas não existe nenhuma pessoa perfeita que vá atender todas as suas necessidades cem por cento do tempo. Todos vamos nos magoar e ser magoados em uma relação, e é importante saber quando nos afastar e quando é hora de arregaçar as mangas e fazer o trabalho. Ninguém mais pode dizer o que é certo para você e a sua relação — cabe a você saber isso. Normalmente, se você está em um relacionamento e há amor recíproco, respeito, atração e disposição para trabalhar juntos, então pode haver progresso. Se um de vocês ou os dois não quiserem corrigir a relação ou não virem o mal em suas atitudes, estão em um ciclo que não vai a lugar nenhum.

Não gosto de dar rótulos definitivos a percalços e rupturas que acontecem em uma relação porque todos cometemos erros e, às vezes, esses momentos geram oportunidades para cura e compreensão entre duas pessoas. Outras vezes, são oportunidades para você encontrar sua chama, impor um limite firme e sair da relação. Algumas violações de limites são sérias ou invasivas demais para segundas chances. Se seu corpo está dizendo não, escute. Você nunca precisa ficar em uma situação que pareça perigosa em nome de "fazer o trabalho". Às vezes, fazer o trabalho significa se afastar.

O QUE SÃO SINAIS VERMELHOS, AMARELOS E VERDES?

Embora sejam definições bem simples, os sinais vermelhos, amarelos e verdes nos ajudam a dividir os comportamentos em categorias: vermelho é inaceitável e talvez até perigoso, amarelo é um alerta para prestarmos atenção porque algo pode precisar de ajuste e verde significa uma relação saudável e conectada.

Embora às vezes categorizar e rotular seja dogmático ou limitador, em alguns casos as categorias nos ajudam quando estamos incertos ou confusos sobre o que é ou não aceitável. Fiz o possível aqui para expandir o conceito de sinais vermelhos, amarelos e verdes para que você tenha mais clareza no futuro, mas, se sentir insegurança, é sempre útil buscar orientação profissional com alguém em quem confia — seja um terapeuta certificado, um conselheiro espiritual, um coach ou um guia.

SINAIS VERMELHOS

Sinais vermelhos geralmente são motivos para terminar. São características ou comportamentos que exigem reparação séria, atenção ou resolução para que uma relação saudável possa se desenvolver. Muitos de nós normalizaram comportamentos de sinal vermelho por causa da nossa exposição infantil a abuso, negligência ou disfunção. Se nos virmos na lista de sinais vermelhos, cabe a nós agir para corrigir qualquer mal causado e fazer o trabalho necessário para mudar nosso comportamento.

Indícios de sinais vermelhos

- A pessoa usa linguagem abusiva quando fala do seu ex ou de membros da sua família.

- Quando fala dos próprios relacionamentos anteriores, todos os ex por acaso são loucos ou psicopatas.

- Demonstra raiva ou agressão com desconhecidos, profissionais na área de serviços ou motoristas no trânsito.

- Seu comportamento é controlador, tentando distanciar você dos seus entes queridos.

- Você não sente segurança em se expressar ou discordar por medo de retaliação.

- A pessoa força seus limites ou ignora seu "não" e acha engraçado.

- Demonstra ciúme e comportamento suspeito e viola sua privacidade entrando em seus aparelhos eletrônicos ou diários.

- O clima do relacionamento é de tensão e confusão. Parece uma montanha-russa, e você nunca sabe o que a pessoa vai fazer em seguida ou qual é a sua situação.

- Demonstra comportamento sexual grosseiro ou insensível, fazendo comentários ofensivos sobre o seu corpo.

- O relacionamento de vocês é "secreto" e você não conheceu os amigos nem familiares dele.
- Os conflitos são explosivos e o outro nunca (jamais) pede desculpas.
- A pessoa desvia de todas as suas tentativas de discutir a relação, bota você para baixo ou diz que você é difícil ou dá muito trabalho.
- Literalmente ninguém na sua vida gosta da pessoa com quem você está saindo (ninguém mesmo).
- Essa pessoa faz comentários sexuais sobre seus amigos próximos ou flerta com os outros na sua frente.
- Ela se transforma em alguém diferente quando bebe e faz você sentir insegurança, mas não acha que isso é um problema.
- Quando a fase de lua de mel passa, a pessoa fica completamente diferente.
- Ela tem uma doença mental que causa dor em todos, mas se recusa a procurar ajuda.
- A relação é cheia de sinais de alerta, mas a pessoa se recusa a reconhecer os problemas e não tem interesse em fazer o trabalho.
- Você não sabe explicar por quê, mas sente alguma estranheza, incômodo ou insegurança na presença dessa pessoa.

SINAIS AMARELOS

Os sinais amarelos são alertas que convidam você a prestar atenção e fazer perguntas. Eles normalmente indicam que é aconselhável prosseguir com cautela. Na vida real, quase todos os relacionamentos terão alguns sinais amarelos. É muito improvável que tanto você como seu companheiro em potencial tenham tudo resolvido quando seus caminhos se cruzarem. Um sinal amarelo é uma oportunidade para conversas claras e diretas e descobrir no que cada um de vocês está disposto a trabalhar ou se existe resistência a crescimento. Um sinal amarelo pode se transformar em um sinal vermelho se essas conversas forem recebidas com negação ou resistência, mas viram sinais verdes se levarem a mais honestidade e um novo compromisso de transformar o que está desalinhado na relação.

Indícios de sinais amarelos

- Um de vocês ou ambos estão guardando segredos ou estão mentindo.
- Sua família e seus amigos detestam a pessoa. Dizem que estão preocupados com você.
- Você não pode falar sobre seus sentimentos ou ter conversas vulneráveis.
- A pessoa está com uma pilha de dívidas e não existe uma boa explicação para isso.
- Ela não gosta de responder a perguntas e diz coisas como "deixe o passado para trás".

- Vive desempregada, sendo demitida ou pedindo dinheiro emprestado.

- Sempre cancela com você de última hora.

- Não tem hobbies, interesses nem paixões pessoais.

- Tem um histórico de infidelidade.

- Não publica nem compartilha nada sobre seu relacionamento nas redes sociais (se for um usuário ativo de redes sociais).

- Fica facilmente frustrada durante conflitos ou tem dificuldade de comunicar emoções.

- Ainda está em contato com um ex. Essa é dúbia porque, em alguns casos, é até um sinal verde! Ter uma amizade com um ex pode ser algo positivo e demonstrar habilidades relacionais. Isso se torna um sinal amarelo ou vermelho quando existem segredos, você é excluído, nunca conheceu a pessoa e não é convidado para isso ou se o ex está ultrapassando limites sem respeitar seu relacionamento.

SINAIS VERDES

Sinais verdes significam siga em frente! No contexto de um relacionamento, um sinal verde é indício de que os dois parceiros estão agindo a partir de uma perspectiva de respeito mútuo, autenticidade, confiança e valorização. Quando estamos em um relacionamento de sinal verde, há uma sensação de segurança e proteção. Sabemos que podemos ser nós mesmos e ter nossas dúvidas, opiniões e desejos.

Indícios de sinais verdes

- Você sente segurança para se expressar abertamente.
- Um desentendimento não ameaça a relação.
- As amizades e os contatos familiares fora da relação são estimulados.
- Limites em torno de toque físico, sexualidade, comunicação e pertences pessoais são respeitados.
- Cada pessoa é responsável por suas energias/emoções e comportamento.
- Num conflito, os dois se responsabilizam por suas atitudes em vez de uma pessoa "sempre" ou "nunca" estar "certa".
- A relação inspira você a ser sua melhor versão e emanar amor para o mundo.
- Em momentos difíceis ou estressantes, vocês dois estão dispostos a encarar os problemas ou se dar espaço em vez de recusar amor ou castigar o outro.
- O clima do relacionamento é estável, e não caótico.
- Vocês se elogiam na frente dos outros, e não há depreciação nem ofensas.
- É possível ser vulnerável um com o outro sem medo de que isso seja usado contra você.
- Os conflitos são espaços em que o crescimento pode acontecer, e não onde o mal é infligido verbal ou fisicamente.
- Vocês conseguem fazer reparações depois do conflito.

- Vocês conseguem se sentar e falar sobre o desentendimento depois e trabalhar para agir melhor um com o outro.
- Vocês dois têm uma vida fora do relacionamento.
- A relação é uma fonte de inspiração para ambos.

E SE A PESSOA FOR MARAVILHOSA MAS MESMO ASSIM EU NÃO SENTIR SEGURANÇA?

Embora sem dúvida haja coisas que uma pessoa pode fazer para ajudar seu parceiro a sentir segurança, sentir-se seguro consiste em duas partes: contar com um ambiente externo saudável e com um ambiente interno saudável.

Muitas das pessoas com quem trabalho descrevem a grande confusão e decepção que sentem quando conhecem "alguém maravilhoso" que cumpre todos os requisitos e é muito amoroso, gentil e presente, e, mesmo assim, não se sentem seguras! Sua mente continua inventando todo tipo de motivo por que o parceiro não serve para elas ou ficam esperando a hora em que algo vai dar errado.

Não cabe apenas à outra pessoa "fazer você se sentir seguro"; esse também é um trabalho interior. É por isso que entender o papel que o seu sistema nervoso representa nos seus padrões de relacionamento é vital para desenvolver uma nova relação com o que o seu corpo diz. Ajuda você a entender como identifica e responde a sinais vermelhos, amarelos e verdes; como expressa seus medos e preocupações; e se consegue relaxar em uma relação segura, segura e saudável quando ela acontecer.

Além do trabalho interior e das ferramentas somáticas encontradas neste livro, práticas que trazem você de volta ao seu corpo são as maneiras mais úteis de mudar os padrões do seu sistema. Se tiver dificuldade para sentir segurança, estar sempre exausto ou tiver memórias traumáticas mal resolvidas, é bom expandir seu kit de ferramentas com a ajuda de um praticante de Somatic Experiencing [Experiência somática]. Trabalhar com o sistema nervoso, ainda que seja algo sutil, faz uma forte diferença — combine a cura do sistema nervoso com o trabalho interior para possibilitar que o corpo mude seus padrões como sua mente já está fazendo. É o que nos dá poder para nos curarmos.

E SE TUDO QUE CONHEÇO SÃO RELACIONAMENTOS DE SINAIS VERMELHOS?

Alguns de nós só encontraram relacionamentos de sinais vermelhos e, até termos a base para vivenciar algo diferente, podemos não acreditar que relacionamentos de sinais verdes são alcançáveis. Abraço aqueles que receiam ser defeituosos demais para ter uma relação saudável pois eu mesma já tive esses pensamentos. Com comprometimento, é absolutamente possível sair desses padrões arraigados e criar uma relação consciente. Mais do que isso, é possível que você passe por uma metamorfose completa de como se relaciona com o mundo como um todo, como encara o trabalho e como se conecta com sua família, círculos de amizade, comunidade e muito mais.

O trabalho interior tem muitos benefícios, e já vi milhares de pessoas que vieram de alguns dos passados mais dolorosos e traumáticos desabrocharem. Nem sempre apesar do passado, mas muitas vezes por causa dele. Às vezes, por mais que doa, nossa história nos oferece uma oportunidade para nos conhecermos tão profundamente que, no fim, o que resta é uma fonte de sabedoria, amor e compaixão. Sem diminuir a realidade de como é incrivelmente difícil ter passado por um trauma, aquilo pelo que você passou lhe deu o dom de sentir mais empatia e compreensão.

UM RELACIONAMENTO DE SINAL VERMELHO PODE SE TRANSFORMAR EM UM RELACIONAMENTO CONSCIENTE?

Todos que já estiveram em um relacionamento de sinal vermelho sabem como pode ser desorientador. Quando estamos nele, é difícil ver exatamente como o padrão não é saudável. Normalmente, é só quando saímos da relação que a ficha começa a cair. Nós nos vemos questionando como e por que ficamos ali por tanto tempo ou por que permitimos que esse comportamento se prolongasse.

Uma das perguntas mais comuns que escuto quando estou trabalhando com grupos e surge o assunto dos sinais vermelhos é: "Um relacionamento de sinal vermelho pode se transformar em um relacionamento consciente?". A resposta não é simples.

Por um lado, se existe amor recíproco e disposição, quase qualquer padrão em um relacionamento pode mudar. Por outro, quando duas pessoas querem transformar uma relação de sinal vermelho em algo seguro, a relação em sua configuração atual precisa morrer por completo. Em essência, só é possível mudar o relacionamento se os dois estiverem prontos e dispostos a reconstruir do zero. Muitas vezes, em um relacionamento de sinal vermelho, a disposição simplesmente não está lá. É comum um parceiro estar disposto e o outro não e, nessa situação, a única maneira de transformar o padrão é sair da dinâmica e fazer o trabalho sozinho.

UM RELACIONAMENTO DE SINAL VERMELHO PODE SER UMA ALMA GÊMEA?

É sem dúvida possível que uma pessoa com quem você vive um relacionamento turbulento seja uma alma gêmea. Mesmo se for, isso não é motivo para insistir em uma relação de sinal vermelho, tampouco significa que vocês estão destinados a ficar juntos.

Particularmente, acredito que temos algumas almas gêmeas na vida — não apenas uma ou duas, mas mais de cem pessoas com quem nossa alma viaja. Algumas de nossas almas gêmeas vão ser amigos próximos, parentes, companheiros e até animais de estimação, mas algumas podem nem estar em nosso círculo. A pessoa que você vê no supermercado com frequência ou que entrega sua correspondência há quinze anos também pode estar no seu grupo de almas. A ideia de que temos apenas uma alma gêmea — a mítica Pessoa Certa — cria uma mentalidade de escassez e nos leva a nos prendermos a algo que não é bom para nós. Uma conexão espiritual nunca é uma desculpa para se autoabandonar. Então, embora você possa ou não estar em um relacionamento de alma gêmea, saiba que é bom sair quando necessário.

COMO SABER SE É INTUIÇÃO OU MEDO

Nossa intuição pode muitas vezes se turvar com nossas histórias. Se tivermos relações não curadas ou gatilhos do passado, a mente pode ficar ótima em coletar evidências dos nossos maiores medos em relacionamentos: ser ignorado, controlado, sentir-se insignificante, ser magoado e assim por diante. Uma das coisas mais poderosas que você pode fazer para treinar a intuição é aprender como sua mente funciona e como seus medos e feridas se manifestam. Com clareza e responsabilização, você pode confiar no seu corpo quando ele falar com você.

O medo muitas vezes se combina com uma falação mental e "narrativas" ou previsões de catástrofes. A intuição é um sentido "instintivo", um "conhecimento interno". É mais um sussurro sutil do que uma demanda frenética. Quando estamos sendo dominados pelo medo, revertemos à fantasia do nosso ego — já contei que a minha era fugir e morar sozinha na floresta. Quando é nossa intuição, somos chamados a agir, mas para algo que sirva a nosso bem maior. Nossos medos e projeções podem nos bloquear dessa conexão autêntica, levando nossa mente a criar uma lista de piores resultados imagináveis ou fazer julgamentos. Uma conexão saudável com a nossa voz interior só é possível de verdade quando vemos o mundo através de lentes claras. Aprender a confiar em nossa intuição envolve questionar a mente e o corpo quando recebemos uma mensagem, de modo que podemos ficar confiantes de que nossas escolhas partem da verdade e não do condicionamento passado.

JOGAR-SE NO ABISMO

No verdadeiro estilo da disputa de poder, assim que Ben e eu nos comprometemos a aprofundar nossa relação e nos casar, todos os meus medos vieram à superfície com força total. Passei a maioria do nosso noivado de um ano e pouco mergulhada no drama do meu ego.

Olhando para trás, tenho muita compaixão pela garotinha em mim que tinha pavor de ser traída, desrespeitada ou manipulada. Essa não apenas foi a história da minha infância, mas também vivenciei isso no divórcio e estava prestes a entrar em um segundo casamento. Parecia um risco enorme demais, e a verdade é que quase dei para trás muitas vezes. Minha vergonha por ter um "segundo casamento" e a realidade em potencial de que talvez também não desse certo eram uma presença constante na minha mente. Durante esse período, afastei Ben intensamente. Discutíamos e brigávamos mais do que nunca, e até tentei cancelar o casamento. Felizmente, Ben e eu tínhamos as ferramentas e uma base forte o bastante para navegar pelas ondas, mas foi muito difícil.

Certo dia, estávamos encaixotando as coisas para a mudança e Ben me disse algo de uma forma que pareceu distante e indiferente. Em vez de respirar e reconhecer que estávamos os dois estressados, surtei no mesmo instante. Eu me retirei para o nosso quarto e me sentei no closet. Sabia que precisava de apoio, por isso liguei para meu querido amigo e coach de relacionamento Jordan Gray. Ele deu espaço para que eu desabafasse meus medos e frustrações. "Tenho medo de que Ben tente me controlar, que não vá me respeitar, que sequer me veja, que simplesmente passe por cima de mim e eu desapareça", disse para ele enquanto as lágrimas escorriam quentes pelo meu rosto. Ele parou um momento para ouvir de verdade o que eu estava dizendo e, depois, respondeu com delicadeza: "Bom, parece que desde que entrou em uma relação com Ben você só se tornou mais empoderada e mais visível, não acha?". No mesmo instante, meu estado mudou. Foi como se ele me acordasse de um sonho. "Sim, é verdade", eu disse. "Obrigada, estava realmente apavorada agora."

Jordan conseguiu ver onde eu estava e, sem julgar nem compactuar com meus medos, me ajudou com gentileza a voltar à realidade, ao meu relacionamento atual. Esse é o poder de amizades com outras pessoas que também se dedicam ao trabalho interior.

Escolha seus amigos com sabedoria

Ter amigos ou pessoas de confiança que estejam dispostos a questionar você quando necessário é vital. Em dinâmicas de amizade convencionais, é normal conspirar uns com os outros e falar mal de um ex ou assumir lados quando um amigo briga com o companheiro. Todos necessitam se sentir apoiados e, às vezes, o que mais precisamos é só ter nossa experiência validada. Mas, em outros momentos, isso pode ser destrutivo. Em uma amizade consciente, o papel de um amigo é ouvir, ter curiosidade e, quem sabe, responder coisas que permitam que a introspecção e a cura aconteçam. Assim como Jordan me despertou com delicadeza quando eu estava projetando em Ben, é bom termos pelo menos um amigo ou terapeuta, coach ou guia de confiança com quem possamos contar para nos ajudar nos momentos de confusão.

AGIR OU SILENCIAR O MEDO

Não importa se é seu medo ou sua intuição falando: se algo não parece certo, você nunca deve ignorar a sensação. Estar em sintonia com seus medos significa reconhecê-los, não os ignorar. Às vezes, existe um motivo válido para o medo surgir e, às vezes, ele é apenas a resposta natural à mudança no horizonte. Somos criaturas de conforto, afinal, então podemos esperar que, quando fazemos grandes mudanças na vida, precisaremos atravessar algumas ondas de desconforto. Isso se aplica também a alguns dos marcos mais felizes — começar um relacionamento novo, noivar, se casar, comprar uma casa, ter um filho, receber a promoção que você sempre quis ou atingir um dos seus maiores objetivos pode trazer medos inesperados à superfície, mas isso não quer dizer que algo está errado!

Nossos medos são sagrados. Respeitá-los é um processo vulnerável que merece nossa consciência amorosa. O que queremos evitar é reagir a nossos medos como se eles fossem a verdade absoluta e, em vez disso, encontrar um lugar de autoquestionamento, paciência e curiosidade quando eles surgirem.

Aproximar-se dos seus medos conscientemente dá a oportunidade de resolver qualquer que seja a ferida ativada. Quando você também escolhe compartilhar seu mundo interior com aqueles que ama, oferece a eles uma chance de se curar com você. Por outro lado, se o seu medo estiver apontando para a realidade de que essa pessoa ou relação não é adequada para você, pratique ser direto e faça as perguntas esclarecedoras que precisa fazer.

QUANDO SURGIR UM MEDO, SIGA ESTE PROCESSO

Reconheça o medo

Pergunte-se de ele onde vem — é de uma experiência passada? Há uma base sólida para esse medo? Ele parte da realidade dessa relação ou parece antigo?

Localize o medo

Onde no corpo você sente esse medo? O seu corpo está dizendo alguma coisa? Lembre-se: o corpo também pode ser condicionado a responder de determinado modo, então é bom questioná-lo um pouco. Pergunte: "Isso está vindo da clareza ou do condicionamento?".

Teste o medo

Pergunte ao seu medo: "Qual é a pior coisa que pode acontecer? E depois?". Continue assim até chegar à origem do próprio medo.

Revele seu medo

Se parecer a coisa certa, convide a pessoa que está fazendo seus medos aflorarem a abrir um espaço para você compartilhar o que está vindo à tona. Você também pode fazer um trabalho diante do espelho e revelar o medo olhando para si mesmo e abrindo o coração.

Liberte seu medo

Você pode escolher deixar um objeto no seu altar que represente esse medo e a lição para você dessa vez ou escrever uma carta para queimar no próximo ciclo lunar. Quando estiver pronto, faça algo ritualístico para simbolizar a libertação do medo na sua vida, como um banho de flores, um ritual de queima ou devolver o objeto para a natureza (use apenas itens naturais e colhidos com responsabilidade como folhas, pinhas, pedras, flores ou terra).

RECONHECENDO ALARMES FALSOS

Quando somos condicionados a esperar o pior, costumamos desistir e fugir, ou fazer suposições e imaginar catástrofes antes de termos informações suficientes.

Sim, existem sinais vermelhos óbvios que justificam dar as costas e ir embora no mesmo instante. Situações abusivas não exigem que você busque mais clareza sobre a intenção do outro, mas estou falando de algo diferente aqui. Estou falando sobre projetar nossos medos em uma relação que tem seus altos e baixos e ver coisas pequenas como grandes catástrofes. Sobre supor que um parceiro novo esteja com outra pessoa só porque você o viu em um aplicativo de relacionamento embora vocês mal tenham começado a sair, ou classificar alguém como emocionalmente indisponível ou evasivo se não se apaixonou de cara pelo seu gato.

Quando sofremos muita dor e trauma em relacionamentos passados, faz sentido sermos especialmente cautelosos, e isso pode ser bom. Mas também precisamos estar dispostos a ser diretos e nos comunicar com clareza para dar às pessoas a chance de compartilhar sua realidade conosco. Alguém com uma ferida de abandono pode muito facilmente entrar em uma espiral pesada demais por causa de um desentendimento mínimo e transformar aquilo em uma situação negativa. Quando a ferida de abandono está ativada, a mente vai reunir todo tipo de histórias potenciais, quase sempre de caráter sombrio.

Nesses momentos, você pode estar respondendo a um alarme falso em vez de a um sinal vermelho real. Você pode estar cedendo a medos conhecidos que não estão alinhados à sua realidade: *Ele não se importa, não está a fim de mim, é uma pessoa ruim, vai me abandonar, é evasivo, não é confiável* e assim por diante. Momentos como esses são grandes oportunidades para "testar" o relacionamento ou o potencial relacionamento agindo como um adulto maduro, fazendo perguntas esclarecedoras e compartilhando o que deseja. A maneira como o outro responde nesses momentos vai trazer muito mais clareza do que sua mente conseguiria por conta própria.

CONFERINDO A REALIDADE: COMO PEDIR CLAREZA

Se você já assistiu a alguma comédia romântica, sabe que a principal maneira de os roteiristas criarem tensão é fazendo duas pessoas bem-intencionadas se desentenderem muito e, então, se recusarem a se comunicar de maneira direta, causando caos, frustração e joguinhos. Comunicar-se diretamente e dar às pessoas a chance de se mostrar para você poupa um bocado de ginástica mental.

O empoderamento vem de aprender a se comunicar de maneira direta, ter curiosidade e praticar se relacionar com os outros de uma forma nova. Isso significa que, em vez de fazer suposições ou tirar conclusões precipitadas, você se acalma e respira fundo. Quando estiver centrado, convida a pessoa para iniciar uma conversa. "Conferir a realidade" significa notar quando seu ego/mente está surtando ou criando uma história e pausar por tempo suficiente para verificar se essa história é verdadeira ou falsa.

Agora, se estiver em um primeiro encontro e a pessoa estiver deixando você apavorado, não precisa processar isso com ela. Não há necessidade de avaliar a realidade com outra pessoa a menos que você queira dar uma chance ao relacionamento. Mas, em casos como o meu, no qual eu estava prestes a me casar com alguém e minha mente estava entrando em curto-circuito, conferir a realidade era exatamente do que eu precisava para sair da neblina em que estava e voltar ao meu centro.

Conferir a realidade ajuda a distinguir entre medo e intuição. É preciso coragem e disposição para se comunicar. Você pode nem sempre receber a resposta que quer, mas vai ter clareza, e isso é o que mais importa. Às vezes não fazemos perguntas porque, no fundo, não queremos saber a resposta. Temos medo de desistir, então ignoramos sinais vermelhos ou não os questionamos até tudo vir abaixo ou explodir na nossa cara.

Existe outra realidade potencial que se torna possível por meio da comunicação, e é uma sensação mais profunda de intimidade e compreensão no relacionamento. Nossa mente está sempre inventando sentidos ou nos contando histórias, mas às vezes o que criamos não é o certo. Estamos apenas em uma daquelas comédias românticas, em que as duas pessoas têm boas intenções mas não estão sendo diretas.

Escolhendo quando compartilhar nossos medos

Compartilhar nossos medos é algo incrivelmente vulnerável e, embora o trabalho interior exija dar um voto de confiança, também acredito muito que é justo ter cautela sobre com quem compartilhamos nossos medos, sobretudo quando estamos em um estado mais sensível. Sentir-se ignorado ou rejeitado quando está apenas começando a criar as asas da vulnerabilidade não é ideal. Considere que às vezes você não vai conseguir endereçar seu medo diretamente à pessoa que provocou o gatilho — um dos seus pais, alguém com quem você esteja saindo ou um companheiro de relacionamento. Leve seu medo a alguém que você sabe que pode acolher isso por você. Se não tiver certeza, é sempre bom pedir permissão antes de compartilhar. Todos têm seus limites. Às vezes, podemos também processar as coisas sozinhos em um diário ou uma caminhada na natureza.

Conferir a realidade pode ser mais ou menos assim

"Estou processando algo pesado agora e queria saber se você tem a capacidade de abrir espaço para mim."

"Tenho alguns medos surgindo nesse relacionamento e gostaria de saber se você estaria disposto a me escutar sem julgamento."

"Tenho medo de me aproximar de você e ter o coração partido. Noto que estou querendo fugir. Só queria dizer isso em voz alta para que o medo não tenha mais força."

"Algo que você disse no outro dia me fez entrar em uma espiral, e quero dar uma conferida na realidade com você. Você está aberto a isso?"

"Algo que você disse aflorou emoções em mim, e queria saber se você está aberto a discutir isso comigo."

"Dia desses, quando você disse _____, isso me causou _____ porque na minha história passei por _____. O que você realmente quis dizer quando falou aquilo?"

"Uma coisa importante para mim em um relacionamento é _____, e quero saber se é algo a que você está aberto."

Pontos para lembrar

- Sinais vermelhos, amarelos e verdes exigem perspectiva; não podemos simplificar demais esse tópico.

- Sinais vermelhos são motivos definitivos de término, mas podem ser um pouco diferentes para cada pessoa.

- Alguns sinais vermelhos como abuso nunca devem ser tolerados, ao passo que algo como infidelidade pode ser uma situação que o casal decide trabalhar junto. Respeite-se nesse processo.

- Todos cometemos erros e agimos de maneiras confusas às vezes. O mais importante é que você assuma a responsabilidade por si mesmo e se comprometa com o seu processo de cura.

- Quando fomos magoados ou traídos no passado, podemos sentir "alarmes falsos" e ser rápidos em desistir e fugir ou ficar ansiosos. Às vezes precisamos do apoio de um terapeuta ou guia de confiança para nos ajudar a atravessar essas situações.

- É importante nos concentrarmos em reconhecer os sinais verdes e direcionar sua energia para cultivar relacionamentos saudáveis e seguros.

- Quanto mais você se respeita e se compromete com a autoconsciência, mais vai aprender a confiar em seus instintos.

PARTE QUATRO

REALINHE-SE COM A SUA VERDADE

Há um ensinamento oculto para todos nós se estivermos abertos a isso. Quando alguém ultrapassa nossos limites, somos convidados a usar a nossa voz. Quando alguém evita intimidade, somos chamados a assumir o que realmente queremos em uma relação. Às vezes, o que parece rejeição é na verdade um chamado para o nosso poder.

12. Confie no seu corpo, imponha limites

Nossos limites são uma extensão da nossa energia e integridade. Quando uma pessoa se deixa dominar pelo impulso de agradar aos outros, é conhecida por fazer de tudo pelos outros ou tem dificuldade para dizer não, aprendemos a não confiar plenamente nela. A falta de limites pode ter origens no desejo de manter o amor, mas, em vez disso, costuma diminuir nosso interesse e nos impede de ter profundidade. No fundo, nossos limites refletem nossa abertura para a vida, nossa relação conosco e nosso compromisso com a honestidade.

Limites são vitais para a conexão; eles fortalecem nossos relacionamentos e criam uma segurança que vem de sabermos que podemos confiar na palavra de uma pessoa e acreditar que ela vai respeitar as próprias necessidades.

O cerne da maioria dos problemas com limites costuma ser uma falta de confiança em nós mesmos e em nosso corpo. Desenvolver limites saudáveis é aprendermos a nos expressar de maneira clara e direta, mas também é apenas uma forma de confiar que *nós* sabemos o que é melhor para o nosso bem-estar emocional, espiritual e físico.

Impor limites com confiança significa estar dispostos a dizer não, deixar as pessoas partirem ou nos ajustar quando um limite for ultrapassado continuamente. Também significa ter clareza sobre nossas intenções — estamos criando limites para fazer a pessoa se aproximar ou para nos proteger de comportamentos prejudiciais? Estamos impondo limites de uma perspectiva de medo ou de amor?

Se nosso estilo de imposição de limites não estiver nos levando aonde queremos estar, podemos assumir a responsabilidade e aprender a nos comunicar de uma nova maneira. Quando nos expressamos com segurança e autoconfiança, somos ao mesmo tempo gentis e firmes, diretos e conscientes em nossa expressão. Com essa base, nós nos tornamos a autoridade de nossas vidas, sem precisar mais defender nossas escolhas. Relaxamos na verdade de quem somos e trazemos uma conexão mais profunda com aqueles que mais importam para nós.

Por um momento, volte-se para dentro e imagine como seria sua versão mais radiante e fortalecida. Como seria conhecer sua verdade plenamente, confiar em seu sim e seu não, ter a capacidade de reconhecer do que você precisa e impor e respeitar os limites que estabelece para si? Este capítulo e a parte quatro deste livro se concentram em ter clareza sobre seus limites, o que você mais valoriza, como quer ser amado e o que gostaria de dar e receber em um relacionamento. Vamos explorar também sua margem de crescimento — a área em que pode desenvolver mais confiança para que consiga comunicar exatamente do que precisa.

O QUE SÃO LIMITES?

Limites são linhas imaginárias que separam nosso espaço físico, sentimentos, necessidades e responsabilidades dos outros. Em sua melhor forma, eles nos permitem criar relacionamentos mais saudáveis em que nos sentimos vistos e respeitados pelo que realmente somos, e também permitem que os outros saibam o que vamos e não vamos aceitar em termos de comportamento e comunicação.

Limites são uma dança. Se os impusermos sem nenhuma flexibilidade como maneira de nos autoproteger, eles podem se transformar em muros que nos distanciam da conexão que desejamos. Se não impusermos nenhum, acabamos mergulhados em um mar de ressentimento porque não priorizamos nossas necessidades.

A dança é aprender a criar e respeitar limites de uma forma que nos aproxime do que queremos, em vez de usá-los como uma ferramenta de defesa. Comunicar nossas necessidades ajuda as pessoas a nos amar melhor. Limites nos permitem continuar em conexão com os outros ao mesmo tempo que mantêm nossa soberania como indivíduos. Há momentos também em que precisamos impor limites muito firmes com pessoas desgastantes, que continuam a cruzar a linha. Esses tipos de limite terão um sabor diferente — são feitos para criar uma separação saudável.

OS LIMITES E O NOSSO VALOR PRÓPRIO

Nossos limites estão relacionados a nosso valor próprio. Podemos sentir um pavor surgir quando pensamos em impor um limite porque acreditamos erroneamente que, se definirmos nossos limites, todos vão nos abandonar e vamos acabar sozinhos. Se não somos acostumados a ter limites, ficamos sem saber ao certo o que é aceitável pedir (algo que vamos discutir no próximo capítulo sobre expectativas), quando definir a linha entre nós e o outro e como impor um limite sem afastar o amor. Se formos muito sensíveis e empáticos, acabamos sobrecarregados com a certeza de que é nossa função proteger os sentimentos das pessoas. Talvez não imponhamos limites por medo da reação que podemos ter em resposta. E é possível que nos sintamos reativos ou defensivos quando as pessoas impõem um limite conosco pois interpretamos isso como uma rejeição.

Curar esses padrões acontece gradualmente, à medida que nossa sensação de valor próprio aumenta e começamos a confiar que, depois de definirmos nossos limites, apenas as pessoas certas vão continuar em nossas vidas.

Você pode ter uma regra de não querer jantar em primeiros encontros. Ou de só passar um tempo com determinado amigo ou familiar se ele não estiver bebendo. Talvez você precise dizer não ao pedido de ajuda de um amigo porque está ocupado com um projeto ou simplesmente precisa descansar. Confie que é aceitável dizer não. Algumas pessoas se afastam se a energia da relação depende de você não ter necessidades, mas, na maioria das vezes, vão respeitar seus limites e ser gratas a você por tê-los! Em alguns casos, elas vão até se sentir inspiradas por você e aprender a impor os delas. Dê o seu melhor para se entregar ao que é para ser — as pessoas certas estarão lá no fim.

OS CINCO TIPOS DE LIMITES

Físicos

Limites físicos estão relacionados a nosso espaço pessoal e nosso corpo físico. Quando esses limites são fortes, temos consciência de nossas limitações, preferências e desejos físicos. Respeitamos os limites dos outros pedindo permissão para tocar neles. Muitos de nós sofreram a perda de limites físicos quando éramos obrigados a dar abraços em pessoas que não conhecíamos quando éramos crianças. Hoje em dia, o consentimento é muito mais valorizado. Voltar a seus limites físicos significa saber que você tem total domínio sobre o seu corpo.

Materiais

Os limites materiais estão relacionados a pertences pessoais. Quando seus limites materiais são fortes, você respeita seus pertences e os de outras pessoas também. Isso inclui pegar um objeto emprestado de um amigo e devolvê-lo exatamente quando disse que faria. Ou, se alguém pedir algo emprestado e você não quiser emprestar, dizer não. Minha biblioteca pessoal levou grandes golpes até eu finalmente mudar meus limites sobre emprestar livros. Para aqueles que são sentimentais sobre posses, limites pessoais podem ser mais pesados e exigir um cuidado extra.

Emocionais

Os limites emocionais envolvem separar nossas emoções das emoções dos outros. Eles nos permitem criar um espaço energético entre nós e a outra pessoa. Limites emocionais saudáveis nos impedem de nos doar demais, levar a culpa, sermos os salvadores emocionais e nos sentirmos responsáveis pela experiência dos outros. Quando temos limites emocionais fortes, conseguimos ficar em nosso corpo e em nossa experiência ao mesmo tempo que também conseguimos testemunhar e estar presentes na experiência do outro (sem a levar para o lado pessoal). Quando temos limites emocionais fracos, tendemos à codependência e a nos perder quando somos absorvidos pela outra pessoa e todas as emoções que ela sente nos impactam.

Mentais

Limites mentais giram em torno de manter um senso de individualidade com nossos pensamentos, valores e opiniões ao mesmo tempo que respeitamos os outros que podem ser diferentes de nós. Quando nossos limites mentais estão fracos, nos tornamos reativos quando as pessoas compartilham opiniões que divergem das nossas; ficamos defensivos quando recebemos feedback; ou adotamos as opiniões dos outros como se fossem nossas. Quando nossos limites mentais são frágeis, nos sentimos ameaçados pelas diferenças. Projetamos e fazemos suposições em vez de adotar a mente aberta. Quando temos um nível saudável de limites mentais, conseguimos ouvir e receber feedback, escutar as opiniões dos outros sem assimilá-las imediatamente como uma verdade pessoal e ser curiosos em vez de reativos quando alguém encara o mundo de uma maneira diferente. Também criamos um filtro para discernir o que faz sentido para nós do que não faz, ao mesmo tempo que somos flexíveis o bastante para mudar de opinião de tempos em tempos.

Espirituais

Limites espirituais fortes nos levam a respeitar os caminhos dos outros, sem interferir ou dar conselhos espirituais não solicitados e respeitar as suas bolhas energéticas.

Cada um tem sua própria bolha energética, ou campo de energia invisível; alguns chamam de aura. Ao aprender a respeitar os limites energéticos dos outros, recuperamos nossa sensibilidade e pisamos no freio para conseguir sentir a energia de verdade. Aprimorar essa habilidade nos torna mais compreensivos, melhores ouvintes e amigos, namorados e membros da comunidade mais saudáveis. Com limites espirituais saudáveis, entendemos que não é nossa função salvar, consertar nem iluminar os outros.

Limites espirituais são muito importantes quando entramos no caminho da cura. É provável que todos tenhamos passado pela experiência de outra pessoa nos contar como deveríamos viver, crescer ou encarar a cura, o que pode ser intrusivo. Sabemos como é horrível quando alguém se precipita em julgar ou supõe saber como nos sentimos ou em que acreditamos em vez de nos perguntar. Se projetamos nossas próprias crenças ou ideias sobre como achamos que os outros deveriam reagir à vida sem terem pedido nossa opinião, estamos em certo sentido interferindo no destino deles. Cada um de nós está aqui para aprender nossas próprias lições e não nos cabe interromper esse processo de aprendizado. Bons limites espirituais permitem que aqueles de nós que são voluntários, guias, coaches ou terapeutas ofereçam uma orientação que deixe espaço para a realidade da outra pessoa ser válida.

MARCAS DE LIMITE

Cada área da nossa vida (trabalho, amizade, família, relacionamento romântico etc.) tem uma *marca de limite* única — seja ela excessivamente flexível, rígida ou saudável. Acontece de termos limites saudáveis em relacionamentos funcionais, mas limites mais porosos com nossos familiares ou companheiros. Ou temos limites saudáveis com a maioria dos amigos, mas dificuldades para impor limites quando lidamos com uma pessoa que nos faz lembrar de um dos nossos pais ou cuidadores do passado.

Ao ler as descrições a seguir, veja com qual marca de limite você mais se identifica. Cada tipo de limite tem uma prática para reequilibrar você. Note como se sente em seu corpo ao ler a prática. Quando o ego sente que o crescimento está vindo, a resposta protetora é desviar ou resistir. Se você sentir resistência, veja como um sinal de que encarar essa prática será transformador para você.

Marcas de limites porosos

- Facilmente influenciado por outros.
- Costuma sentir esgotamento, amargura e ressentimento.
- Assume os problemas dos outros.
- Tem dificuldade para dizer não.
- Sente que sua própria voz não importa.
- Sofre com uma ferida de abandono.
- Tem energia de cuidador ou salvador.
- Depende de validação externa.
- Considera limites coisas ruins.

Sua prática: Incorpore o elemento fogo como exploramos no capítulo 3 praticando ser confiante, direto e se expressar mesmo se parecer difícil. Sua margem de crescimento é se sentir à vontade pondo-se em primeiro lugar e dizendo não. Por um tempo, você pode se sentir egoísta; nesse caso, aceite esse sentimento. Com o tempo, você vai encontrar um equilíbrio entre dar e preservar sua energia.

Marcas de limites rígidos

- É teimoso e não se abre a nenhuma influência.
- Entra na defensiva em vez de ter curiosidade.
- Usa limites para proteger ou resguardar o coração.
- Recorre ao orgulho para proteger sua vulnerabilidade emocional.
- Resiste a colaborar.
- É mais autocentrado do que relacional.

Sua prática: Incorpore mais o elemento de água baixando suas muralhas devagar, conectando-se com sua sensibilidade e se permitindo receber apoio e amor. Sua margem de crescimento é ficar à vontade sendo vulnerável e aprender a deixar as pessoas entrarem, bem como abrir espaço para os desejos e necessidades dos outros. Por baixo da dor e da postura defensiva há uma ternura que está pedindo seu acolhimento.

Marcas de limites saudáveis

- É capaz de ser firme ou flexível quando necessário.
- Consegue ouvir opiniões ou feedbacks externos e escolher como responder.
- Confia no corpo e na voz interior.
- Abre espaço para a dor ou as emoções das outras pessoas sem a pretensão de salvar ou cuidar.
- Diz não, mesmo se isso significar sentir culpa.
- Respeita os limites dos outros.
- Compartilha informações pessoais de maneira apropriada (não compartilha demais nem de menos).
- Estabelece limites de maneira clara e direta.
- Vê limites como uma maneira de criar relacionamentos mais saudáveis.
- Conhece a si mesmo bem o bastante para comunicar necessidades de espaço pessoal, tempo e assim por diante.

Sua prática: Sempre há áreas em que seus limites vão ser testados. Sua margem de crescimento é continuar a ser consciente quando houver uma parte que precisa da sua atenção e confiar em si para se comunicar de maneira que honre a si mesmo.

CONFIANDO NO SEU CORPO E NO SEU MENSAGEIRO INTERNO

Seu corpo e seu mensageiro interno — também conhecido como sua intuição — são um compasso para impor limites saudáveis e conscientes. Seu mensageiro interno não é dominado pelo medo e não cria histórias, mas age por meio de uma série de sensações, vibrações ou sons que ajudam você a identificar a sua verdade. Nosso mensageiro interno faz contato com cada um de nós de maneira diferente, então é importante que você pratique entrar em sintonia com o seu corpo e aprender como ele age na sua vida. Estar em sintonia com o seu corpo é o caminho para o poder. Seu corpo contém todos os remédios e magias para que você se cure, encontre a paz e crie a vida que deseja.

Como o seu mensageiro interno pode agir

Sensações no corpo

Sensações costumam ser mensagens sobre quando dizer sim ou não. Uma sensação cortante, um aperto, um peso no peito ou uma dor de cabeça instantânea costumam ser formas de o corpo dizer não. Formigamento, expansão, uma abertura leve, uma sensação "quentinha" costumam ser a forma de o corpo dizer sim.

Sons que você emite

Os sons muitas vezes são um indicador do seu sim ou não interior. Se é da sua natureza tossir e gaguejar quando toma decisões, note o tom e a vibração do som que você faz. Parece ter uma carga positiva ou negativa? Essa prática de investigação vai ajudá-lo a estar mais em sintonia com a maneira como seu corpo comunica o que faz ou não faz você se sentir bem. Isso se aplica até às perguntas mais simples de sim ou não.

Um estalo de intuição

Alguns de nós recebem confirmações "instantâneas". Pode acontecer no peito, no coração ou na área do baço/rim. Se você é do tipo de pessoa que tem "cliques" intuitivos em que diz não no mesmo instante, pode ser julgado como impulsivo ou não confiar no seu conhecimento instantâneo e voltar para dentro da sua cabeça para se convencer a voltar atrás. Sua prática é se render e confiar nessa intuição.

Processamento emocional

Se você é do tipo que precisa de tempo para tomar uma decisão, pode muitas vezes se sentir apressado ou pressionado pelos outros para saber as coisas logo de cara. Sua prática é respeitar aquilo de que precisa para tomar decisões e se permitir tempo para sentir o seu caminho até a linha de chegada.

Downloads

Alguns de nós têm a sensação de uma abertura em nosso chacra da coroa (no topo da cabeça) com informações entrando por ele. Quando recebo um download, é como se um tubo de luz entrasse no alto da minha cabeça com uma mensagem, enquanto outras pessoas sentem algo que simplesmente cai ou entra no corpo. Sua prática é dedicar tempo para alimentar sua relação com o Espírito na maneira como fizer sentido para você, de modo que você tenha abertura para receber orientação divina.

COMUNICANDO NOSSOS LIMITES

Durante boa parte da vida, fomos ensinados a esconder nossa expressão com gentileza, mas isso costuma levar a comunicação indireta e evitamento dos nossos verdadeiros sentimentos. É possível falar com franqueza sem ser cruel, mas também não há necessidade de suavizar demais suas palavras.

A parte mais importante de comunicar um limite é primeiro determinar por que você tem o limite e o que quer que aconteça ao impô-lo. Energia importa, então ser calmo e centrado em sua intenção irradia para a pessoa com quem você está conversando.

Se você estiver com medo, gatilhos ou raiva, isso também vai irradiar. Quando estamos aprendendo a impor limites saudáveis, é comum nos vermos balançando de uma ponta do pêndulo à outra. Se estivermos com pavor de usar nossa voz, nos estufamos até estourar ou passamos de não ter limites a levantar muralhas, soando agressivos ou duros em vez de atenciosos. Estabelecer limites pode ativar seus gatilhos, especialmente se eles já foram desrespeitados antes. Seja gentil consigo mesmo quando as coisas não saírem como planejado. Se não saírem, diga: "Não me expressei bem. Posso tentar de novo?".

Antes de impor um limite, pare um momento para respirar e entrar no seu corpo. Pense em como quer que a interação aconteça e se conecte com o valor que está por baixo desse limite. Leva tempo para se sentir à vontade ao estabelecer limites, e alguns são mais fáceis do que outros.

Acolha-se com ternura enquanto pratica. Você nem sempre vai acertar "perfeitamente", mas o importante é que você está dando seu melhor e está aprendendo uma habilidade nova.

Ritual de retorno ao seu corpo

Você pode usar esse ritual antes de impor um limite e toda vez que se notar saindo do corpo. Isso costuma acontecer depois que um limite é ultrapassado, ou quando ficamos ansiosos ou estressados.

1. Faça três longas respirações profundas.
2. Sinta sua respiração. Ela está curta ou relaxada?
3. Conecte-se com a superfície em que está: sinta seus pés no chão, suas nádegas no assento, suas costas no chão ou na cadeira.
4. Analise o ambiente, veja onde está e sinta a presença que isso traz a você.
5. Analise seu corpo e procure perceber que sensações você está sentindo.
6. Faça mais três longas respirações profundas.
7. Diga: "Estou presente, estou centrado, estou seguro".

TENHA A CONVERSA SOBRE LIMITES CARA A CARA

Millenials e a geração Z conversam cada vez mais por mensagens e menos pessoalmente — um sinal dos tempos, mas também um caminho para a desconexão generalizada e uma onda crescente de ansiedade.

Nas mensagens de texto, você não consegue ouvir o tom nem sentir a energia da pessoa ou a nuance dos sentidos pretendidos. Por esse motivo, estabelecer limites por mensagens merece um aviso particular. Muitas falhas de comunicação acontecem quando não nos comunicamos diretamente ou nos interpretamos mal em mensagens.

Um bom limite é comunicar tudo que for importante, como um conflito interno ou um medo que estiver surgindo, cara a cara ou por telefone se não puder ser pessoalmente. Se houver sentimentos de mágoa ou algo estiver frustrando você, é melhor esperar e marcar uma conversa do que disparar uma longa mensagem de um parágrafo. Escrever cartas é outra forma de se comunicar, sobretudo se você ainda estiver sofrendo tendências somáticas de paralisar ou se fechar no momento de expressar um limite, ou se a situação não for segura e você não quiser ver a pessoa de novo.

Escrevi cartas para Ben no passado quando era útil para mim botar tudo para fora, com a ressalva de que antes perguntei se ele estaria aberto a receber minha comunicação dessa forma, e sempre havia uma conversa cara a cara em seguida. Se sua imposição de limites tem a intenção de fortalecer o relacionamento, crie coragem e converse diretamente.

TRAZENDO CLAREZA PARA SUAS RELAÇÕES

Ao explorar o trabalho de limites, talvez queiramos pensar também em como expressamos nossos limites.

Estamos escamoteando o limite? Estamos nos expressando de maneira clara e direta? Estamos fazendo suposições ou torcendo para alguém adivinhar nossos limites e necessidades? Acreditamos que qualquer ser humano decente saberia nossos limites e, portanto, nos ressentimos quando não atingem essa expectativa?

É importante notar como agimos em nossos relacionamentos e assumir a responsabilidade se não estivermos preparando as pessoas para nos amar como queremos ser amados. Se alguém ultrapassa um limite que nunca comunicamos, não é justo punir a pessoa nem descontar a raiva nela. É uma oportunidade para informar como ela pode agir de maneira diferente. Claro, existem coisas óbvias como não ser abusivo, xingar ou praticar comportamentos extremos que não deveríamos sequer precisar expor para que as pessoas nos tratem com respeito. Mas, na maioria dos casos, precisamos ser muito diretos com o que queremos e acerca do que precisamos para nos sentirmos seguros e compreendidos. Embora nossa criança interior queira ser cuidada sem ter que fazer nada, para encarnarmos nosso eu adulto maduro precisamos assumir a responsabilidade de comunicar nossos desejos e necessidades.

SUPERANDO A CULPA

Estabelecer limites muitas vezes significa ter que encarar sentimentos de culpa. Muitos de nós não impõem limites, mas, no fundo, quanto mais esperamos mais difícil fica. Evitamos conversas duras porque não queremos lidar com a repercussão da reação do outro ou encobrir nossos próprios sentimentos espinhosos. Negamos a nossa verdade ou fazemos o possível para ignorar algo que está claramente desalinhado. Mas essa estratégia só funciona por um tempo porque não se origina na verdade. Quando algo nos deixa acordados à noite ou nos consome o dia todo, está na hora de falar.

É normal sentir emoções contraditórias quando você está apenas começando a impor limites. Você pode sentir o impulso de voltar atrás ou se apressar para fazer a outra pessoa se sentir melhor logo depois de ter dito não. Você não precisa salvar ninguém. Faça o possível para respirar, e vai ficar mais fácil.

QUANDO UM LIMITE FOI ULTRAPASSADO

Quando alguém ultrapassa um limite, precisamos comunicar e explicar como gostaríamos que essa pessoa agisse no futuro. Violações de limites mais sérias podem exigir apoio externo ou ajuda profissional. Às vezes, não conseguimos fazer tudo sozinhos porque não é seguro.

Haverá momentos em que, por mais que amemos uma pessoa, a melhor escolha é tirar a energia dela da nossa vida pelo bem do nosso coração. Em uma relação, só falar ou ouvir as palavras "eu te amo" não substitui a necessidade de respeito, honestidade, autenticidade e liberdade de expressão. É possível amar os outros e ainda assim nos priorizar. Ninguém mais vai fazer isso por nós. É nossa função garantir que estamos amando e sendo amados em nosso potencial mais pleno. Podemos amar alguém e entender "por que" essa pessoa faz o que faz e, ainda assim, não permitir que ela nos cause mais sofrimento.

Entender a origem da dor de uma pessoa significa que conseguimos ver que ela está agindo a partir de uma ferida e repetindo o próprio trauma. Não precisamos demonizar a pessoa nem deixar que o comportamento dela defina o nosso valor. Também devemos nos lembrar de que não cabe a nós salvar as pessoas da sua própria dor. Não somos responsáveis por curar as feridas dos outros nem consertar os traumas deles e não podemos ser um poço sem fundo para os traumas de outra pessoa. Devemos proteger nossa energia e nos respeitar.

LIMITES SEXUAIS

Algo que não costuma ser dito é o impacto que o trauma sexual tem em nossa capacidade de impor limites e dizer não no futuro.

Quando nossos limites físicos foram violados, há muita cura a ser feita para que possamos recuperar nossa voz e a soberania sobre o nosso corpo. Nunca se envergonhe se houver momentos em sua história em que você sentiu que "deveria" ter dito não mas não disse ou não conseguiu. Quando nossa sobrevivência está ameaçada, o sistema nervoso pode reagir paralisando ou adulando como forma de autoproteção. Outras formas são o entorpecimento, o apagão ou o esforço de agradar alguém embora essa pessoa esteja se aproveitando de nós ou seja perigosa. Para se recuperar, será preciso gentileza e compreensão. Se houver um trabalho de cura a ser feito em torno da sua sexualidade, pode ser necessário fazer certos ajustes, ir em um ritmo mais devagar ou ter conversas vulneráveis sobre as coisas de que precisa para sentir segurança ao longo do processo.

Quando se trata de sexualidade e autoexpressão, não existe certo ou errado, mas há coisas a ter em mente quando você está conhecendo alguém com a intenção de desenvolver um relacionamento. Sexo é criação de vínculo, então é prudente esperar até termos clareza de que queremos ir além em uma relação. No entanto, às vezes impomos um limite em relação a sexo ou intimidade física com uma pessoa e nos deixamos levar pelo momento. O que fazer quando você se vê ultrapassando o próprio limite?

O corpo é seu e você tem permissão de mudar de ideia. Você pode transar uma vez e decidir que não quer transar de novo por um tempo, ou nunca mais. Você também é livre para fazer sexo casual com quem quiser, porque tem o direito de sentir e se apropriar do seu prazer! Quando o assunto são limites sexuais, escutar seu corpo e confiar em como se sente é vital. Bons limites sexuais serão específicos para cada um de nós com base em nossas filosofias pessoais, personalidades e preferências, mas praticar um bom autocuidado e comunicar nossas necessidades estão no centro da cura da nossa relação com o corpo. Mais importante, precisamos ser completamente honestos e estar dispostos a fazer ajustes se nossos sentimentos mudarem durante o percurso.

Pontos para pensar antes de se envolver fisicamente

- Você sente segurança no seu corpo com essa pessoa?
- Você se sente respeitado e escutado por essa pessoa?
- Você está fazendo sexo para receber amor ou porque sente um desejo genuíno de fazer sexo com essa pessoa?

- Você sente segurança para pedir aquilo de que precisa durante ou depois do sexo?

- Você quer transar com essa pessoa de novo?

- Você é energeticamente sensível? Como essa interação vai impactar você amanhã ou daqui a uma semana?

É UMA MURALHA OU UM LIMITE?

Muralhas servem para proteger o nosso coração e evitar que as pessoas nos vejam plenamente. Limites servem para nos proteger e manter as pessoas a uma distância saudável. No entanto, limites seguros também nos conectam às pessoas e as convidam a entrar em nossa vida de uma forma que seja segura e positiva.

Só você vai saber com certeza se está criando muralhas ou impondo limites, então sua prática é voltar ao seu corpo sempre que não tiver certeza e se reavaliar. Você está sentindo medo? Está se fechando? Tem alguma coisa de que precisa antes de voltar a conseguir sentir segurança na conexão? É necessário um pouco de tempo ou espaço para adquirir mais clareza? Aprenda a se conhecer. Não tem problema se às vezes suas muralhas estiverem erguidas; seja curioso em vez de autocrítico. Assim você conseguirá determinar se uma mudança é necessária ou se um medo está sendo ativado e sua criança interior precisa de cuidado.

Uma muralha é

- Um conjunto de ameaças vazias ou ultimatos.
- Algo que nos impede de ter relações íntimas.
- Emprego de palavras ou ações duras ou agressivas.
- Falta de flexibilidade ou disposição para colaborar.
- Uma mentalidade de "pegar ou largar".

Um limite é

- Um convite para alguém nos amar melhor.
- Uma definição de certos tipos de comportamentos que não vamos aceitar.
- Algo de que precisamos para sentir segurança em uma relação.
- Uma maneira de estar, nos relacionar ou comunicar que fortalece um relacionamento.
- Espaço para colaboração e curiosidade.

DESCOBRINDO SEUS LIMITES AUTÊNTICOS

Nossos limites são pessoais e mudam com o tempo. Ao ler os exemplos a seguir, sinta quais valem para você. Você pode sentir uma vibração expansiva com alguns que façam sentido para você. Outros vão parecer neutros, enquanto outros ainda podem causar um aperto. As sensações que você tem apontam para quais são alguns dos seus limites.

Limites espirituais

- Estou aberto a feedback ou ensinamentos espirituais mas vou escolher o que me parecer certo.
- Não imponho meus pensamentos espirituais aos outros.
- Confio que as outras pessoas vão encontrar seu próprio caminho; não é meu trabalho salvar nem consertar ninguém.

Limites emocionais

- Não estou disponível para abrir um espaço infinito para os outros.
- Vou respeitar os limites emocionais das outras pessoas pedindo para elas ouvirem antes de compartilhar.
- Vou comunicar quando será possível estar lá pelos outros e quando não.
- Não estou disponível para servir de mediador entre familiares.
- Não sou responsável por cuidar dos sentimentos dos outros.
- Peço ajuda quando preciso.

Limites de relacionamento

- Nós nos tratamos com gentileza.
- Não gritamos uns com os outros.

- Concordamos em falar sobre nossos problemas dentro de 48 horas depois de um conflito.
- Somos abertos e honestos uns com os outros.

Limites de autocuidado

- Quando saio não passo da meia-noite se vou trabalhar no dia seguinte.
- Não bebo na noite anterior a uma reunião importante.
- Separo pelo menos uma noite por semana para escrever no meu diário e praticar o autocuidado.
- Passo uma noite por semana com meus amigos fora do meu relacionamento romântico.
- Tiro um tempo tranquilo para mim todos os dias.

Limites de encontros

- Marco primeiros encontros em lugares que tenham uma saída fácil caso a situação não pareça segura ou confiável.
- Peço para encontrar a pessoa em um lugar público na primeira vez.
- Não bebo em um primeiro encontro.
- Não durmo com alguém até decidirmos estar em um relacionamento sério.
- Deixo claro que só tenho interesse em sair com pessoas que de fato busquem uma parceria comprometida.

- Comunico se estou buscando uma conexão mais casual e peço o mesmo das pessoas com quem saio.
- Não saio com pessoas que estejam lutando contra um vício.

Sessão de escrita: Explorando suas convicções sobre limites

Alguns de nós foram ensinados a ser desapegados demais e, portanto, crescemos acreditando que ter limites nos torna egoístas ou até maus. Para sentir mais empoderamento ao expressar nossas necessidades, devemos antes entender o que nossas convicções sobre limites representam. As perguntas a seguir são feitas para ajudar você a descobrir sua compreensão única de limites para que possa confiar em si mesmo e sentir segurança ao expressar suas necessidades.

Qual você acha que é a função dos limites?

Você já confundiu limites com muralhas?

Você consegue se lembrar de momentos do seu passado em que sentiu culpa por impor um limite?

Você acredita que limites deixam você mais forte?
Se sua resposta for sim, você sente segurança no seu poder?

Existe alguma parte de você que acredita que, se você for forte, vai machucar os outros?

Você pode ter todos os roteiros de limites do mundo, mas, se no fundo estiver agindo a partir de uma ideia de que limites são ruins ou egoístas, é provável que nunca os estabeleça. Às vezes, não impomos limites porque temos medo do nosso próprio poder ou raiva. Podemos impor limites rígidos porque temos pavor de tirarem vantagem de nós ou porque temos padrões de controle a relaxar. Saiba que não há problema em ir devagar e dar passos pequenos.

Uma das melhores formas de praticar é impondo e mantendo pequenos limites para si mesmo. Escolha uma mudança simples que gostaria de fazer na sua vida. Coisas como limitar o consumo de álcool, economizar um pouco todo mês para alguma emergência, estabelecer limites com o seu chefe no trabalho ou fazer um alongamento todo dia podem parecer minúsculas no grande esquema das coisas, mas, quando se trata de incorporar o tipo de pessoa que você quer namorar, esse é o lugar de onde partir. Manter e respeitar os limites que você impõe para si vai transformar você na pessoa que quer se tornar.

Pontos para lembrar

- Limites fortalecem relacionamentos.

- Impor limites novos em relacionamentos que têm uma longa história exige paciência. Às vezes, a relação vai se ajustar e, às vezes, acabar.

- Você tem permissão de impor, respeitar e expressar seus limites.

- Seus limites vão se alterar e mudar à medida que você cresce.

- Você pode ser ótimo em impor limites em alguns relacionamentos e não em outros; isso costuma indicar uma área que precisa da sua atenção.

- Quando você começa a impor limites, pode parecer agressivo. Continue tentando e pratique usar seu poder de uma maneira que seja autêntica para você.

- Ninguém é perfeito. Nem você nem ninguém nunca vai conseguir acertar cem por cento das vezes.

- Ninguém é capaz de ler a sua mente. É sua responsabilidade comunicar seus limites de maneira clara e direta.

Não quero a fase de lua de mel para sempre.

Quero a profundidade que só vem depois de termos escalado montanhas altas e atravessado vales baixos juntos.

Não quero as borboletas de euforia e desejo; quero a paz de me curar e abrir caminho para um futuro melhor, influenciado por quem inspiramos um ao outro a ser.

Quero o tipo de amor que é calmo, devotado e divertido.

Amor que não consome a energia entre nós como um aspirador, mas age como uma rede de energia para redistribuir nossos dons pela nossa comunidade e pelo mundo.

Um amor que nos dê a energia para servir a um propósito maior.

13. Esclareça suas expectativas

Vivemos em uma época em que há dezenas de novos aplicativos de namoro por dia e em que a ideia de se relacionar é fortemente desestimulada. Há um lado obscuro em uma geração de pessoas determinadas a "não sossegar", o que significa nunca ter o *suficiente*. Em nossa busca infinita pela relação perfeita, perdemos de vista a realidade de que nenhum humano pode atender a todas as nossas necessidades e nos proporcionar um fluxo constante de felicidade.

Relacionamentos são uma miscelânea. Haverá dias bons e dias ruins. Se conseguirmos entrar em uma parceria com uma noção clara de quem somos e expectativas realistas de como deve ser uma relação consciente, teremos a resiliência e a coragem para suportar os desafios de maneira presente. Vamos deixar que as lições que aprendemos em nossas parcerias se tornem nossos professores espirituais.

Mas e se você não souber se suas expectativas são razoáveis? Você está mesmo pedindo demais ou está se contentando com muito pouco? Exatamente como saber quando suas expectativas estão altas, baixas ou no ponto certo? Você é uma pessoa única, e aquilo que precisa que seja fomentado em um relacionamento pode ser muito diferente da visão de outra pessoa. Por esse motivo, a questão não é tanto encontrar listas concretas do que é ou não aceitável esperar, mas adotar uma abordagem mais filosófica que nos permita trazer sabedoria e autoconsciência para nossas relações.

Na maioria das vezes, os bloqueios que encontramos no amor estão relacionados ao medo — medo de ser abandonado, de perder o amor, de não ser o suficiente ou de ser demais. Esses medos podem se manifestar de múltiplas maneiras, mas geralmente vão se apresentar quando você se contenta com um tratamento inadequado ou tem expectativas tão rígidas que ninguém nunca vai preencher os requisitos. Este capítulo é feito para ajudar você a ver onde está se *autorrespeitando* ao alimentar expectativas e onde está se *autoprotegendo* demais ao ter expectativas rígidas ou fora da realidade.

NOSSA BUSCA POR PERFEIÇÃO

Enquanto esperarmos que um parceiro possa ser tudo para nós, atender todas as nossas necessidades, nos entender não importa o que aconteça e nunca agir de maneira insensível, sempre vamos estar em busca do amor. Você não vai encontrar uma pessoa que é todas essas coisas, e isso não tem nada a ver com o que você merece ou quanto trabalhou em si mesmo. Em termos mais diretos e francos, essa pessoa não existe!

Não existe parceiro perfeito. Não existe nenhum ser iluminado que seja plenamente consciente o tempo todo, que nunca vai ferir seus sentimentos sem querer e vai dar tudo que você quer a qualquer momento do dia. O crescimento vem ao encarar esta realidade — ver seu parceiro como um humano e amá-lo em todas as suas formas.

A magia acontece quando vamos em busca da consciência na união com o outro. Está nos obstáculos ao longo do caminho, ao trombar na bagagem do outro e ver o que ele trouxe, rir disso, aceitar isso, dançar com isso, sem rejeitar. Há maneiras infinitas de resguardar o coração, de provocar, de dizer que o outro não é suficiente, é isso ou aquilo demais, mas lá embaixo estão nossos medos internos: *É seguro querer tanto? É seguro mostrar tanto de mim?*

Buscar a perfeição é uma estratégia de autoproteção, uma maneira furtiva de manter distância do amor, de reafirmar uma história antiga, de evitar expor nossas feridas. Quando temos uma lente realista e integrada do que é uma relação saudável e estamos à vontade em nossa versão mais fortalecida de nós mesmos, conseguimos impor limites e respeitar nossas necessidades emocionais ao mesmo tempo que permitimos que nossos parceiros sejam imperfeitos. Aceitar que o amor é imperfeito não significa deixar de lado nossos critérios ou a visão de amor que queremos. Temos total permissão de querer o que queremos de um relacionamento.

Todos merecemos um parceiro que seja emocionalmente disponível, comprometido, honesto e disposto a passar por momentos difíceis. Não é fora da realidade querer alguém que tenha interesse em fazer o trabalho junto ou se alinhe com você em um nível espiritual. No entanto, mesmo na parceria mais alinhada, haverá diferenças ou qualidades que desafiam a relação. Precisamos abrir espaço para essas diferenças e aprender a valorizar o que as pessoas trazem para nossa vida *porque* são diferentes de nós. E, por estranho que pareça, aquilo pelo que mais nos atraímos inicialmente em nossos parceiros costuma ser a coisa com que mais temos dificuldade lá na frente.

Certa vez, trabalhei com uma mulher chamada Nadia em uma sessão em grupo. Ela era poderosa, eloquente e muito clara sobre o que queria em um parceiro. Logo de cara pude sentir que Nadia estava muito à vontade em sua vida — era fácil liderar e ser direta e confiante. No entanto, ela também reclamava que, ao conhecer os pretendentes em potencial, nenhum deles fazia a quantidade de perguntas ou ia atrás dela como ela desejava. Nadia vivia fazendo perguntas para eles e compartilhando coisas suas, e, embora esses homens gostassem dela e a enchessem de elogios, não estavam tomando a iniciativa como ela.

Cada pessoa em um relacionamento tende a favorecer e incorporar mais um dos elementos — terra, ar, fogo ou água — do que todo o resto. Como costuma ser o caso, Nadia estava atraindo tipos emocionais mais aquosos que tinham menos fogo e, portanto, traziam uma energia diferente da que ela conhecia. Sugeri que ela recuasse e abrisse espaço para eles usarem mais a energia toda que ela estava consumindo fazendo menos perguntas e deixando que as conversas morressem se eles não estivessem dispostos a interagir.

Enquanto Nadia e eu explorávamos mais isso, ela expressou sua admiração pela minha parceria com Ben e como ela queria um relacionamento como o nosso. Isso me inspirou a deixar que ela entrasse um pouco mais no meu mundo, para mostrar como minha relação também tinha seus percalços. "O que você pode não ver é que aquilo que mais me atraiu no meu parceiro, o fogo e a liderança dele, também é o que mais desperta meus gatilhos!", eu disse a ela.

Sempre quis um parceiro que planejasse aventuras, assumisse a liderança e contribuísse de maneira igualitária, e Ben faz todas essas coisas com primor. Fico à vontade com o meu fogo e tenho uma forte veia independente, mas também sou muito sensível e sinto falta de água e gentileza em minha vida. E o elemento com que ele tem mais dificuldade é a água! Portanto, claro, nosso trabalho está em aprender a se orientar pelas esferas emocionais juntos — para ele se suavizar e me deixar entrar, e para eu ser paciente e gentil quando ele não for meu equilíbrio perfeito dos dois elementos. Quanto mais relaxamos na aceitação, mais rápido as coisas mudam para melhor. Nadia ouviu com atenção enquanto eu falava e sua postura corporal relaxou visivelmente. "Eu me sinto tão vista e compreendida", ela disse. "Acho que finalmente entendi." Sugeri que Nadia trabalhasse com o altar elemental (capítulo 3) para celebrar seu fogo enquanto desenvolvia um convite para acessar seu lado mais aquoso e sensível.

Sempre teremos trabalho a fazer em um relacionamento, não importa quem escolhermos, então a pergunta não é "Essa pessoa é tudo que quero?" mas "Essa pessoa é alguém com quem tenho vontade de crescer e aprender?".

Expectativas não realistas

- Nunca haverá conflito.
- Seu parceiro vai atender todas as suas expectativas.
- Seu parceiro sempre vai fazer você se sentir bem.
- Vocês nunca vão ferir os sentimentos um do outro.
- Seu parceiro vai estar disponível sempre que você quiser.
- Seu parceiro vai conseguir abrir espaço quando você estiver descontando sua raiva.
- Seu parceiro sempre terá os mesmos planos que você.

- Seu parceiro vai pensar, agir e ser como você.
- Seu parceiro vai levar embora sua dor ou seu sofrimento interno.

Expectativas realistas

- Você vai se sentir seguro e respeitado com seu parceiro.
- Seu relacionamento vai ser amoroso, honesto e comprometido.
- Você consegue se divertir, rir, ter prazer e confiar no relacionamento.
- Seu parceiro estará aberto a aprender como passar por conflitos de uma maneira saudável.
- Sua parceria tem origem em uma disposição mútua para crescer juntos.
- Sua parceria permite que você se sinta seguro, visto e respeitado nos conflitos.
- Seu parceiro terá interesses em comum e diferentes.
- Seu parceiro colocará a relação em primeiro lugar sem deixar de priorizar amigos e familiares.
- Seu relacionamento sempre vai exigir que vocês dois trabalhem nele.

RELACIONAMENTOS SAUDÁVEIS TAMBÉM TÊM CONFLITOS

Inúmeras pessoas recorreram a mim frustradas quando seus parceiros disseram pensar que, na parceria certa, não haveria conflitos. Eu mesma já acreditei nisso! Mas posso garantir que *todas as relações terão conflitos*! Fantasiamos sobre relacionamentos sem conflitos quando não sabemos lidar com eles. Ou temos medo, fugimos ou não sabemos como nos manter ancorados quando surge uma discussão.

Aprender a estar em desacordo com nosso parceiro de maneira saudável nos dá a oportunidade de explorar nossa mente e ser mais vulnerável com o outro. Muita cura pode acontecer quando vemos o conflito como uma janela para nossa mente. Com a prática, conseguimos baixar as armas e, em vez de brigar para ter razão ou jogar nossas projeções para cima do outro, deixamos que nossos parceiros entrem na nossa realidade emocional e até aprendam algo sobre nossa história que ajude a nos amarmos melhor.

Em um relacionamento saudável, atravessamos ciclos. Assim como as estações, teremos períodos em que as coisas são leves e divertidas (verão) e fases em que as coisas são mais desafiadoras (inverno). À medida que nos aprofundamos na relação, o objetivo é aprender a acolher cada estação e o remédio que ela traz consigo.

DANDO VOZ AOS NOSSOS DESEJOS

Assim como não podemos esperar que as pessoas leiam nossa mente quando a questão é saber nossos limites, também devemos praticar dar voz às nossas expectativas. Seja em um encontro seja com um parceiro de longa data, sempre há momentos de estar muito conectado e em sintonia um com o outro e momentos naturais de falta de ritmo e sinais trocados. Relacionamentos são uma dança entre pedir o que queremos e precisar e saber quando aliviar as coisas e relaxar. É uma arte que exige paciência e uma pitada de humor. Pede que reconheçamos quando estamos insistindo demais em esperar que as coisas sejam de determinada maneira e, como resultado, criamos ressentimento ou perdemos a oportunidade de aproveitar a conexão como ela é.

Se você costuma sentir rancor em seus relacionamentos, é seguro supor que existem expectativas implícitas à espreita. O rancor vem como uma lembrança de sermos honestos com aquilo que desejamos, reconhecer onde achamos que não estamos sendo atendidos e dar voz ao que queremos.

Uma amiga compartilhou que tendia a desenvolver "relacionamentos imaginários". Isso acontece quando estabelecemos uma relação com outra pessoa na nossa cabeça sem ter conversas diretas, deixando espaço demais para mal-entendidos e fantasias. Às vezes, ela se convencia de que estava em um relacionamento com uma pessoa e descobria depois que a pessoa não fazia a menor ideia! É o tipo de coisa que acontece quando internalizamos demais e não expressamos o que realmente queremos. A melhor prática para quebrar esse padrão é expor a sua verdade o quanto antes.

FIXANDO OS OLHOS NO HORIZONTE

Do outro lado da descoberta das nossas feridas, passando pela disputa de poder e pelo drama do ego, está o ponto em que o verdadeiro relacionamento consciente começa. É quando a intensidade do trabalho de cura diminui e passamos a incorporar um propósito espiritual mais profundo para a relação. O trabalho de limpeza é necessário, mas não é o destino.

Uma relação consciente é o lugar aonde chegamos depois de nos apropriarmos das maneiras como o nosso ego tenta nos manter em segurança. Não é que nunca mais vão acontecer disputas de poder ou que os dois parceiros chegaram a um alto grau de esclarecimento e não terão mais dias ruins, mas a maneira como a relação funciona muda consideravelmente quando um casal (ou cada indivíduo) amadurece e se desenvolve. Pequenos momentos de desarmonia quase nunca se transformam em grandes e longos conflitos porque existe mais consciência sobre o uso da energia.

Grande parte da nossa cultura está tomada pela falsa narrativa de que o "amor verdadeiro" deve ser como um tsunami de pontos altos para sempre. Costumamos interpretar a transição normal do amor novo para o amor maduro como o fim de um relacionamento. A fase de lua de mel em muitos sentidos é uma bolha. Você cria tempo extra para essa pessoa nova e o foco passa a ser a exploração e a descoberta — é tudo muito novo e emocionante!

O amor maduro não significa que você não vai mais sentir atração pelo seu parceiro ou que não terá momentos de intensidade ou paixão profunda. Significa que, quando essas experiências acontecerem, elas terão raízes mais profundas. O amor maduro é medicinal; ele teve tempo de combinar os ingredientes únicos que cada um de vocês trouxe para a parceria.

Os relacionamentos podem ser sensual, emocional e espiritualmente revigorantes no longo prazo. Em uma parceria consciente, um casal pode trombar nos egos um do outro, sentir irritação ou viver um momento de desarmonia e simplesmente escolher deixar isso de lado em vez de alimentar a negatividade. Fixe os olhos no horizonte e em como seus relacionamentos podem ser bonitos — o trabalho de cura não precisa ser para sempre.

Sessão de escrita: Explore suas expectativas

É importante explorar as expectativas que você tem em seus relacionamentos, pois isso irá ajudá-lo a entender padrões recorrentes na sua vida. Quando você reconhece quais expectativas são realistas e quais não, estabelece a base para uma relação consciente. Pegue sua caneta e seu diário e responda às perguntas a seguir. Responda com sinceridade a cada uma e volte ao capítulo 10 sempre que precisar revisitar rituais de autocompaixão.

O que você nota sobre sua relação com o conflito?

Como você acha que o seu relacionamento deveria ser?

Quais são as maiores decepções que você já sentiu em suas relações?

Ao pensar um pouco, acha que as decepções foram aumentadas pela convicção de que as coisas deveriam acontecer de um jeito específico mas acabaram não sendo o que você esperava?

Onde você aprendeu que as coisas deveriam ser de determinada forma (por exemplo, assistindo a muitas comédias românticas ou crescendo com a Disney)?

PASSANDO DE EXPECTATIVAS A VALORES FUNDAMENTAIS

A origem latina da palavra expectativa é *expectationem*, que significa "uma espera". Expectativas são definidas como a forte convicção de que algo vai acontecer ou ser verdade no futuro. Mas os relacionamentos não funcionam assim — eles não são calculados, previsíveis ou categorizados.

Quanto menos nos agarrarmos a expectativas rígidas e mais permitirmos que as coisas se desenrolem naturalmente, mais felizes vamos ser. Se estivermos sempre esperando que nosso parceiro diga ou faça algo, estamos a caminho da decepção. Criamos cenários de fantasia na nossa mente e depois nos decepcionamos quando a realidade traz algo diferente.

Quando entramos em qualquer situação, dinâmica ou relação sem o peso de expectativas predeterminadas, encontramos a paz. As pessoas nem sempre fazem as coisas seguindo o nosso cronograma — dizer eu te amo, dizer obrigado, reconhecer que você lavou a louça, ver que você varreu o chão ou qualquer gentileza que você faça. Sempre há momentos em que podemos escolher deixar para lá e encontrar a paz.

Tornar-se um ser mais inteiro e consciente significa abandonar a ideia de forçar ou impor expectativas e, em vez disso, trazer os valores fundamentais que inspiram você a se aprofundar na relação. A raiz da palavra valor é "ser forte" ou "estar bem". Ao agir tendo seus valores fundamentais como norte, você vai prosperar em qualquer área da vida — no trabalho, em casa e nas suas relações mais íntimas. No próximo capítulo, vamos explorar quais são os seus valores e o que está guiando suas escolhas nessa fase em particular da sua vida.

Pontos para lembrar

- Às vezes criamos expectativas rígidas ou fora da realidade como maneira de nos autoproteger.

- Quanto mais confiante e empoderado você se sentir, mais fácil vai ser equilibrar suas expectativas de uma maneira saudável.

- Mesmo em uma parceria saudável ainda haverá momentos dentro e fora de sincronia. É preciso maturidade para se aproximar da aceitação nessas horas.

- Você tem permissão de querer o que quer. Não é fora da realidade esperar amor, segurança, confiança, respeito e compromisso.

- À medida que você se cura e amadurece, suas expectativas podem mudar ou se suavizar. Você vai achar mais fácil deixar para lá quando as coisas não acontecerem como o planejado.

- Ninguém nunca vai conseguir atender a todas as suas necessidades e expectativas. Existe uma diferença entre alguém que é comprometido e humano (ou seja, nem sempre em sincronia com você) e uma pessoa que claramente não está interessada.

Nossa ferida vai nos dizer que não somos o suficiente.

Nosso valor vai nos lembrar que sempre fomos inteiros.

Nossa ferida vai nos dizer que rejeição
significa que somos defeituosos.

Nosso valor vai nos mostrar que rejeição é redirecionamento.

Nossa ferida vai nos dizer que precisamos
nos esforçar para ser amados.

Nosso valor sabe que o amor é um direito de nascença.

14. Defina seus valores fundamentais

As convicções e os princípios norteadores pelos quais guiamos nossa vida são os nossos *valores fundamentais*. São as qualidades mais importantes para nós, como respeito, integridade, honestidade, lealdade e generosidade. Os valores fundamentais são um roteiro de quem somos em nossa *expressão mais elevada* e como queremos que os outros ajam conosco em nossas relações.

Se você sabe o que valoriza e defende, seus limites se tornam naturalmente claros para as pessoas ao seu redor. Isso acontece porque saber sua verdade torna mais fácil comunicá-la. Saber o que você valoriza significa que você sabe do que precisa para se sentir alinhado, em vez de adotar inconscientemente valores que não são seus e buscar que os outros digam quem você é e no que deveria acreditar.

Quando estamos nos sentindo presos em padrões repetitivos, geralmente estamos desconectados dos nossos valores fundamentais. Nos concentramos demais nos outros, vivemos correndo atrás de aprovação ou mergulhamos de cabeça no autoabandono. E assim lá se vai nossa capacidade de atrair o tipo de relacionamento que desejamos. Pode parecer um risco enorme sustentar nossos valores fundamentais, mas, ao fazer isso, estamos atraindo e selecionando o tipo de ambiente, as pessoas e situações que combinam com a nossa energia.

ABRINDO ESPAÇO PARA AS PESSOAS CERTAS

Depois do meu divórcio, me recusei a me autoabandonar de novo. Eu tinha me conformado por tempo demais com relacionamentos que não estavam alinhados com meus valores. Eu não estava mais disposta a me afastar do que desejava, e isso me deu uma sensação de poder nas minhas relações. Não poder sobre elas, *mas poder nelas*. Eu sentia que podia ser cem por cento fiel a mim e sustentar meus valores sem medo de ser rejeitada. Estava pronta para ter noites solitárias e ser solteira por muitos e muitos anos se fosse necessário.

Certa noite, decidi escrever como seria uma parceria que estivesse de acordo com os meus valores. Visualizei a maneira como queria me sentir com meu parceiro, suas qualidades, como passaríamos tempo juntos e como seria nosso futuro. Até descrevi as formas como brigaríamos (essa parte nem sempre correu como o planejado, aliás). Anotei tudo em uma folha de papel e a guardei no meu diário.

Uma das coisas mais específicas que escrevi era que ele não beberia álcool. Beber carregava muito peso para mim. Na infância, eu tinha visto o impacto que a bebida exerceu na minha mãe e em outras pessoas que eu amava. Um dos meus valores fundamentais é saúde espiritual, emocional e física — e eu queria um parceiro que compartilhasse desse valor. Quando contei a um amigo, ele disse: "Você não acha que isso é um pouco exagerado? Pedir um parceiro que não beba vai deixar difícil encontrar alguém.

E se ele quiser só sair e tomar umas com os amigos quando estiver viajando?".

"Então não quero namorar com ele", respondi. "Pura e simplesmente: não é para mim. Quero estar com um parceiro que não beba."

Guardei minha lista, mas acabei tão concentrada na minha jornada de cura que não saí com ninguém por um tempo. Embora tenha recebido convites, eu conseguia sentir de maneira razoavelmente rápida que não estavam alinhados. Então conheci Ben, e algo em mim disse sim de imediato. Depois de alguns encontros, Ben revelou que havia passado por uma clínica de reabilitação aos quinze anos e que não bebia álcool. Quando nos conhecemos e nos anos que vieram depois, percebi o poder de realmente ser fiel ao meu desejo. Embora as pessoas me dissessem que era um exagero ou que tornaria mais difícil encontrar alguém, meu compromisso irredutível comigo mesma acabou criando espaço para que Ben entrasse na minha vida.

Eu não estava pedindo para ninguém mudar; estava só buscando alguém que estivesse alinhado com a minha filosofia de vida. E é assim que devemos encarar namoros e relacionamentos em geral. Muitas vezes, em meu curso, quando ouço pessoas dizerem "Bom, isso limita muito minhas opções", minha resposta é: "Ótimo, você está buscando apenas uma pessoa!".

IMPONDO BLOQUEIOS

Nós, humanos, somos criaturas complicadas. Encontramos formas sorrateiras de impor bloqueios quando o assunto é amor. No meu caso, eu disse que não queria um parceiro que bebesse, mas também poderia facilmente ter usado o passado de Ben contra ele. Eu poderia ter dito: "Bom, não quero alguém que já foi para a reabilitação". Em nosso desejo de estar com alguém que se encaixe em nossos valores, às vezes vamos longe demais. Acabamos tornando impossível para as pessoas atenderem aos nossos critérios.

Não estou sugerindo que você namore uma pessoa que esteja lidando com um vício, pois ela não terá a capacidade de estar em uma relação honesta ou vulnerável (mesmo se quiser) se o vício for prioridade. Mas, pela minha experiência, namorar ou se casar com alguém que já passou pelos doze passos e está em plena recuperação é incrivelmente gratificante porque essa pessoa já fez algo muito difícil e decidiu se curar. Isso também vale para os divorciados.

Algumas pessoas se divorciam e ficam amarguradas. Decidem não aprender com o fim do relacionamento e seguem em frente para repetir os mesmos erros do passado. Costuma ser fácil saber de cara quem são essas pessoas, porque elas têm muitas coisas para falar sobre os ex e pouco para compartilhar em termos de responsabilidade pessoal ou reflexões elaboradas. Quando conheci Ben, ele me disse que sabia que se casaria com uma mulher divorciada. Ele reconhecia que uma pessoa que passou por um divórcio seria uma ótima parceira porque já enfrentou a mágoa e a perda e, geralmente, essas pessoas sabem o valor do compromisso e de se dedicar ao trabalho.

É bom ser claro sobre o que você quer, mas deixe uma pequena margem de manobra para as pessoas o surpreenderem. Quando deixamos que nossos valores fundamentais sejam o compasso, em vez de examinar os detalhes ou erros que os outros cometeram no passado, é muito mais fácil confiar em nossas escolhas. Por exemplo, uma pessoa foi infiel e isso levou a um divórcio, mas então ela mergulhou na terapia, descobriu suas feridas de infância e aprendeu muito sobre o que a levou inconscientemente a agir daquela maneira. O fundamental é valorizar uma mentalidade de crescimento, a autoconsciência e a responsabilidade pessoal.

Às vezes são as pessoas com mais bagagem que se tornam os parceiros mais atentos e dedicados. São elas que conhecem a própria escuridão, viram crises e dores e suportaram a perda. E, apesar disso, escolheram se curar e crescer; elas entendem que relacionamentos exigem paciência. Não julgue uma pessoa pelo passado dela. Em vez disso, veja se ela tem a coragem e a disposição para crescer, ser honesta, ter atitude — tentar de novo.

A LENDÁRIA CARTA DE AMOR

Quando conhecemos nossos valores, os relacionamentos deixam de ser sobre a escolha dos outros. Somos nós que escolhemos. Abandonamos a estrutura de perguntar "Será que ele gosta de mim ou me aprova?" para "Parece a coisa certa para mim?". Confiamos que o que queremos é válido. Em vez de externalizar nossa energia, deixamos que nosso mensageiro interior guie o caminho.

Quando Ben e eu começamos a sair, eu já estava mergulhada em meu próprio trabalho de cura havia quase um ano. Depois de cerca de um mês de relacionamento, comecei a sentir que precisava de mais clareza sobre a direção em que estávamos seguindo. Então perguntei se ele aceitaria que eu escrevesse uma carta para botar todos os meus pensamentos para fora; depois poderíamos nos encontrar pessoalmente para conversar. Nesse estágio da minha jornada, deixei claro que não queria esconder nada. Meu desejo era estar em expressão total com ele desde o começo. De certo modo, eu o estava testando para ver até onde ele estava disposto a mergulhar comigo. E ele estava me testando à sua maneira também. É algo saudável (se fizermos de maneira consciente e não de formas inconscientes como começar brigas ou obrigar a pessoa a adivinhar o que estamos sentindo).

E, então, escrevi uma carta para ele sobre o que eu estava vivendo até aquele momento e o que sentia por ele.

Compartilhei todas as coisas em que estava trabalhando. Revelei uma situação que tinha sido um gatilho para mim. Assumi que minha ferida de abandono era responsabilidade minha curar, e que eu não esperava que ele fizesse esse trabalho por mim.

Então compartilhei formas como ele poderia me apoiar e me ajudar a me sentir segura enquanto passava por isso.

Contei o que desejava em uma parceria, o que queria criar juntos, o que estava disposta a dar e como estava disposta a agir.

E mandei para ele.

Eu me senti muito à vontade com isso, mas, quando contei para minhas amigas, elas disseram: "Está falando sério? Faz só um mês. Não acredito que você fez isso!". Mas confiei em mim mesma e fiz uma boa leitura da energia entre nós para saber que a porta estava aberta para uma atitude como essa. Mais adiante, quando comecei a facilitar grupos de mulheres e Ben e eu estávamos casados, essa carta se tornou lendária na nossa comunidade porque todos a acharam muito corajosa. E, de certo modo, era. Assumi um grande risco ao ficar tão vulnerável e pedir o que queria logo de cara. Ele não tinha escolha além de dizer sim ou não. *E poderia ter sido um não.*

Quando recebeu a carta, ele me chamou até a casa dele para conversar. Ele havia escrito uma resposta a cada uma das coisas que eu havia compartilhado. Nos deitamos juntos na cama em um quarto à luz de velas enquanto ele lia suas respostas em voz alta, parando para me olhar nos olhos. Lembro-me de pensar: "Esse cara é incrível". Ele me falou o que queria dar à nossa relação e todas as experiências que queria que tivéssemos juntos. Foi um momento lindo em que eu vi que a relação estava alinhada aos meus valores de comunicação aberta, honestidade e respeito. Olhei nos olhos dele e disse: "Sabe, fui muito magoada no passado. Passei por um divórcio. Não tenho tempo a perder, e também sinto total respeito pelo lugar em que você está. Então, se não quiser construir uma relação consciente comigo, não tenho problema em ouvir um não".

No nosso caso, a resposta dele foi sim. Mas o fundamental foi que eu estava disposta a assumir meu poder e dar a ele o espaço e a liberdade para dizer não, e para amá-lo mesmo assim. Funcionou para nós porque estávamos alinhados. Às vezes não é o que acontece, mas a única forma de abrir caminho para o que é certo para você é ser meticuloso em suas intenções. Ouvir um não também pode impulsioná-lo no caminho da vida que você quer, mesmo que não pareça na hora.

RESGATANDO SEUS VALORES FUNDAMENTAIS

Resgatar seus valores fundamentais significa avaliar quais convicções ou comportamentos você adotou com base na sua programação familiar e aprender a deixar de lado o que não lhe pertence para que consiga se apropriar do que é seu.

Alguns dos valores que herdamos dos nossos pais e da nossa cultura são incrivelmente valiosos. Eles nos proporcionam uma sensação rica de identidade e pertencimento. Mas muitos de nós agem no piloto automático, vivendo inconscientemente de acordo com os valores que herdamos e nunca parando para avaliar se nossas escolhas refletem quem de fato somos. Ao nos individualizar dos nossos pais, conseguimos incorporar nossa integridade e priorizar os valores que nos ajudam a nos sentir vivos, fiéis a nós mesmos e conectados com o tipo de vida que queremos levar.

Com o surgimento dos níveis de consciência, valores como autopreservação, obediência, controle, rigidez e status que foram a prioridade de gerações passadas vão saindo das sombras e sendo reavaliados. Muitos de nossos ancestrais herdaram os valores do colonialismo, que prioriza o individualismo, a hierarquia e o capitalismo em vez da comunidade, da transparência e da igualdade. Fazer o trabalho para resgatar nossos valores fundamentais também é um resgate da nossa humanidade. É saber que cada um de nós é um ser humano valioso não em virtude do que fazemos, mas de quem somos.

FAÇA UM BALANÇO DO SEU PASSADO

Pensando em retrospecto, os valores fundamentais que me levaram a ficar em um relacionamento abusivo quando tinha dezenove anos foram expressão sexual e diversão. Aquele homem era muito divertido, e tínhamos uma forte química física. Mas não havia autenticidade. Nem honestidade, responsabilização ou respeito. Não tínhamos empatia, intimidade emocional nem um forte compromisso conosco mesmos e com o crescimento interior — as coisas que agora valorizo na minha vida. Aprendi que escolher um parceiro priorizando diversão e ótimo sexo na ausência de todos os outros valores não era suficiente para uma relação enriquecedora.

Nossos valores fundamentais podem mudar e se transformar à medida que mudamos e nos transformamos. É preciso avaliar quais dos nossos valores se desviaram da expressão fortalecida e entraram na expressão sombria. A generosidade, por exemplo, pode se tornar doação em excesso e uma atitude supercuidadora em sua expressão sombria. A lealdade é uma qualidade maravilhosa, embora sua sombra se torne corrosiva e leve a martírio e a suportar comportamentos inaceitáveis por tempo demais. Explorar nossas experiências passadas nos ajuda a entender o que nos levou ou nos atraiu em nossos relacionamentos anteriores. Também revela quais convicções replicamos de nossas famílias ou cuidadores que precisam ser reavaliadas. Pouquíssimas pessoas param para considerar quais são seus valores antes de entrarem em uma relação; então, se essa é sua primeira vez, ainda assim você está fora da curva. Relembrar e fazer um balanço dos valores do seu passado é um questionamento compassivo de onde você esteve para que possa seguir em frente e se apropriar do que é verdadeiro para você agora.

Sessão de escrita: Definindo seus valores fundamentais

Um valor fundamental que herdei dos meus pais que é verdadeiro para mim é _____.

Um valor fundamental do meu condicionamento familiar que segui e não é verdadeiro para mim é _____.

Um valor fundamental do meu condicionamento familiar que me recuso a seguir é _____.

Quais valores fundamentais tendo a priorizar em um relacionamento?

Quais valores fundamentais tendo a negligenciar?

Ao escolher parceiros no passado, minhas escolhas mostram que eu valorizava _____.

Como essas escolhas exerceram um impacto em mim e nos meus relacionamentos?

Quais valores fundamentais continuam a ser importantes para mim?

De quais valores fundamentais não estou disposto a abrir mão daqui em diante?

O QUE IMPORTA PARA MIM AGORA

Como há muitas influências externas com o poder de moldar nossos valores, é importante se voltar para dentro de tempos em tempos e se lembrar do que é importante para você em cada um dos diversos estágios da vida. No capítulo 16, vou ajudar você a criar seu próprio "mapa do amor", que é parecido com um quadro de visualização de como você quer agir na sua vida e o que gostaria de criar em uma relação futura. Conhecer os valores fundamentais que você quer priorizar será parte desse processo.

Existem muitos valores fundamentais que não estão na lista a seguir, mas você vai encontrar versões mais estendidas na internet com uma busca rápida. A lista é feita para ativar algo dentro de você que impulsione uma autodescoberta mais profunda. Enquanto lê, convido você a sentir o que se destaca aos seus olhos. O que faz sentido para você.

Esta lista é apenas um ponto de partida. À medida que continua essa trajetória, você vai descobrir outros dos seus valores fundamentais e que qualidades deseja.

Abundância	Contribuição	Inspiração
Aceitação	Crescimento	Integridade
Afeto	Criatividade	Liberdade
Amizade	Desafio	Mudança
Aprovação	Diversão	Otimismo
Assumir riscos	Equilíbrio	Pertencimento
Autenticidade	Escolha	Pontualidade
Autoaceitação	Esperança	Presença
Autoconsciência	Espiritualidade	Presentes
Autoexpressão	Família	Propósito
Autonomia	Franqueza	Proteção
Autorrespeito	Generosidade	Proximidade
Aventura	Gratidão	Reconhecimento
Beleza	Harmonia	Religião e fé
Colaboração	Higiene	Respeito
Companheirismo	Honestidade	Responsabilização
Compreensão	Humildade	Saúde
Compromisso	Humor	Segurança
Comunidade	Inclusão	Sensibilidade
Confiabilidade	Independência	Sensualidade
Consciência	Inovação	Tempo juntos

INCORPORANDO SEUS VALORES FUNDAMENTAIS

Viver em alinhamento com os seus valores significa incorporar as qualidades que são mais importantes para você. Não vemos problema em olhar para fora e fazer exigências dos outros, mas este trabalho vai exigir que você mergulhe dentro de si e avalie onde pode estar se desviando da sua verdade.

Uma das maneiras mais comuns de perceber isso é observar nossa relação com o comprometimento. Se desejarmos profundamente um comprometimento dos outros, devemos antes dar uma olhada honesta em nossa própria relação com o comprometimento. Toda qualidade que desejamos nos outros também está esperando para ganhar vida em nós. Incorporar nossos valores significa chegar ao ponto em que você não diz mais "desejo essas qualidades", mas sim "eu sou essas qualidades".

Quando praticamos isso, nos tornamos magnéticos. Atraímos para o nosso campo pessoas que complementam nossa vida e compartilham os mesmos valores. Mais do que isso, sentimos uma verdadeira liberdade interna e contentamento, pois o mundo que criamos para nós reflete quem somos de verdade.

Incorporar nossos valores é uma prática diária. Se você valoriza uma comunicação compreensiva, como pode incorporar isso com os outros? Se valoriza comprometimento, em que aspectos da vida você pode honrar mais seus compromissos? Se valoriza diversão e aventura, como pode trazer mais disso à sua rotina? Ser a sua Pessoa Certa não significa fazer isso sozinho. Significa aprender a tratar a relação que você tem consigo como uma trajetória em constante evolução de magia, verdade e devoção.

Pontos para lembrar

- Os valores fundamentais são um roteiro de quem você é em sua *expressão mais elevada* — a parte do seu ser que mais se respeita e é mais autêntica.

- Os valores fundamentais levam você para mais perto do que deseja e ajudam a extirpar as situações, pessoas e ambientes que você não quer.

- Assumir seus valores fundamentais exige coragem! Algumas pessoas não vão conseguir acompanhar esse movimento, e não tem problema.

- Por baixo do medo de assumir seus valores fundamentais, há um receio de não ser digno ou bom o bastante. Traga acolhimento e amor para o seu medo, e lembre-se de que você merece e é capaz de criar o tipo de relação que o seu coração almeja!

- Seu corpo é um ótimo guia para apontar o que é ou não é certo para você.

PARTE CINCO

TENHA O QUE DESEJA NO SEU RELACIONAMENTO

Amadurecer em relacionamentos significa reconhecer que sempre haverá coisas que precisam ser trabalhadas. Significa aprender a seguir os altos e baixos que a relação pode trazer, sem esperar perfeição dos nossos parceiros nem de nós mesmos.

15. Criando uma relação consciente

Relacionamentos são um espaço de evolução espiritual projetado cosmicamente. Qualquer que seja a direção a que nos levem, sempre saímos deles com uma lição. Eles ressaltam nossos padrões, despertando, às vezes de modo não muito delicado, partes de nós que estavam adormecidas. Quando nos dedicamos com intenção e disposição, eles são capazes de iniciar uma cura potente em todos com a coragem de suportar o fogo da transformação.

Curar não é apenas um trabalho interior; é também um processo cocriativo que exige uma dança de conexão e prazer com o coração bem aberto. Não espere estar com tudo resolvido para deixar o amor entrar; esse dia nunca vai chegar. Não espere até ter certeza de que você chegou; você vai morrer e renascer umas mil vezes nesta vida. O processo de cura vai estar sempre se desenvolvendo; a vida está acontecendo agora. A intenção por trás de aprofundar sua relação com *você*, para ser a Pessoa Certa, não é erradicar sua necessidade de conexão nem o desejo de encontrar um parceiro, e sim encontrar seu lugar de descanso legítimo — à vontade em seu corpo, seu coração e sua alma.

A verdadeira transformação acontece quando o nosso corpo sente segurança suficiente para enfim libertar a memória emocional. Para essa mudança acontecer, precisamos da presença calorosa de outras pessoas com um sistema nervoso saudável e firme. O trabalho de cura e os ensinamentos espirituais individualistas estão certos quando dizem que devemos nos curar para curar o mundo, mas isso não pode ser feito sem o poder curativo do relacionamento — amizade, comunidade e parceria romântica. O relacionamento é importante.

Destravar os padrões que nos prendem é cuidar da ferida que escolhe uma dor conhecida em lugar de uma felicidade e êxtase desconhecidos. Ao longo deste livro, descobrimos o que dita os nossos padrões e traz dor a nossas vidas, e agora é hora de encarar a beleza que o relacionamento é capaz de trazer e estabelecer um novo precedente para como vamos nos relacionar com os outros daqui em diante. Este capítulo é dedicado a criar uma lente nova para ver as relações e seu propósito em nossas vidas.

ESTOU PRONTO PARA UM RELACIONAMENTO?

Quando entramos em um relacionamento com outra pessoa, em certo sentido estamos assumindo o trabalho da alma dela também. Por esse motivo, há momentos em que é mais aconselhável embarcar em uma jornada de cura solo e tirar um tempo para si antes de entrar em um relacionamento. Quando estamos sob uma perspectiva de autorrepulsa ou desespero por conexão, temos mais chance de nos contentar com migalhas ou, como gosto de chamar, "revirar o lixo em busca de amor". Queremos escolher parcerias a partir de uma perspectiva clara e centrada, mas nossos padrões não desaparecem — eles apenas se metamorfoseiam —, e geralmente é quando encontramos alguém com quem podemos ir até o fim que o trabalho ganha um novo sabor.

Em meus programas, vejo que as pessoas costumam temer não terem feito trabalho interior suficiente para estarem prontas para um relacionamento, ou acham que precisam ter terminado completamente de se curar antes de conhecer alguém. *Ninguém nunca termina esse trabalho.*

Podemos achar que finalmente curamos nossas feridas e entendemos as coisas, mas vemos tudo voltar à tona quando começamos uma parceria. Não temos como resolver tudo sozinhos. Sempre haverá mais a explorar ao formamos um casal. Se você não sabe bem se está estável, em vez de tentar se autoavaliar se está "curado" (o que é uma armadilha), pergunte-se: "Estou em um lugar no qual tenho a força para dizer não ao que não se alinha?" e "Consigo ser feliz sozinho, sem buscar preencher um vazio?". Se a resposta às duas perguntas for sim, você está pronto. Se for não, considere passar um pouco mais de tempo em atitudes de autoacolhimento para que possa se apropriar do que quer com confiança.

DOIS TIPOS DE RELACIONAMENTO: ASPIRADOR E REDE DE ENERGIA

Muitos de nós cresceram acostumados a simplesmente mergulhar em uma relação em vez de entrar com intenção e dedicação a aprender mais sobre nós mesmos no processo. Redefinir o que os relacionamentos significam para você estabelece os alicerces para o seu mapa do amor, o próximo e último ritual deste livro. Para desaprender o modelo antigo de relacionamento e incorporar uma versão mais fortalecida, devemos saber a diferença entre uma relação aspirador (convencional, voltada ao não crescimento) e uma relação rede de energia (consciente, voltada ao crescimento).

O que torna uma relação *consciente*? Primeiro, cada parceiro deve ter uma relação clara consigo mesmo. Isso começa com aprender a observar sua mente ser testemunha dos seus pensamentos em vez de reagir a todos os pensamentos que aparecerem. Ninguém é consciente cem por cento do tempo em suas relações, mas aqueles que sentem mais facilidade e alegria são também os que têm um alto nível de responsabilidade pessoal pelas próprias emoções e comportamentos; confiam em si mesmos o bastante para saber que às vezes estão errados, projetando ou só tendo um dia ruim. Também devemos criar uma ponte entre a cabeça e o coração, para que possamos questionar nossa mente, aprender quando pisar no freio e confiar na sabedoria do nosso corpo.

Relacionamentos aspirador existem em muitos aspectos para resolver sentimentos de solidão ou desconforto, um desejo de algo que está faltando. *Relacionamentos rede de energia*, ou relacionamentos conscientes, são uma entidade própria: eles nos acolhem no nível da alma de formas que relacionamentos convencionais simplesmente não conseguem.

Quando se trata de cuidar e contribuir com a energia das nossas relações, devemos estar ancorados em reciprocidade.

Em um relacionamento aspirador, toda a energia é sugada em nosso desespero de saciar a necessidade de validação e amor. No fundo, esse tipo de dinâmica nos faz nos sentir bem na hora, mas quando não dura jogamos a culpa em nossos parceiros, nos vemos em mais uma disputa de poder ou ficamos nos perguntando o que deu errado. Quando uma ou duas pessoas estão constantemente concentradas em extrair energia, depois de um tempo não resta nada para oferecer, e passamos de um parceiro a outro numa busca infinita para encontrar a Pessoa Certa que vai resolver nossos problemas e fazer a dor desaparecer.

Em um relacionamento rede de energia, a parceria se torna uma fonte recíproca que alimenta nosso propósito e nos dá forças para estar a serviço do mundo e da nossa comunidade. Relacionamentos rede de energia nos ajudam a crescer espiritual e emocionalmente, o que nem sempre vai ser fácil. Vai exigir que atravessemos as profundezas da nossa consciência para libertar velhas ideias sobre como os relacionamentos "devem" ser.

Mentalidade de relacionamento aspirador	Mentalidade de relacionamento rede de energia
Meu parceiro é a resposta para todos os meus problemas; ele vai fazer a minha dor desaparecer.	Trago consciência aos meus problemas e trabalho neles sem precisar do meu parceiro para resolvê-los por mim.
Quando eu encontrar a Pessoa Certa, meus padrões de relacionamento do passado vão desaparecer naturalmente.	Mesmo quando eu encontrar a Pessoa Certa ainda vou precisar trabalhar nos meus padrões.
Não sou completo sem um parceiro.	Sou inteiro e completo como sou.
Meu parceiro deve atender a todas as minhas necessidades.	Não é realista achar que meu parceiro possa atender a todas as minhas necessidades.
Numa briga, alguém está certo e o outro está errado.	Conflitos são uma oportunidade para aprender sobre mim e meu parceiro.
Não tenho nada a fazer a respeito da minha infelicidade nos relacionamentos.	Sou responsável pela minha felicidade.

Mentalidade de relacionamento aspirador	Mentalidade de relacionamento rede de energia
Meu parceiro deve saber o que quero e do que preciso sem que eu precise dizer.	Sou responsável por falar para o meu parceiro do que preciso e pedir o que quero.
Quando meu parceiro me entende mal, significa que não se importa ou que sou difícil de amar.	As palavras e atitudes do meu parceiro não me definem nem definem meu valor.
Guardar segredos não é mentir; é só não contar tudo.	Transparência é o segredo. Permito que meu parceiro entre no meu mundo.
Fazer terapia significa que há algo de errado com a gente.	É normal pedir ajuda e buscar apoio.
Escuto para responder.	Escuto para entender.

OS ESTÁGIOS DO RELACIONAMENTO

Relacionamentos de todos os tipos passam por estágios, embora seja nos relacionamentos românticos que os estágios costumem ter uma intensidade ampliada, já que neles há mais coisa em jogo.

Enquanto guio você em cada um desses estágios, perceba seus relacionamentos do passado ou do presente em muitos ou todos eles. A disputa de poder, em particular, é o lugar em que a maioria das nossas relações reside, até darmos de cara com a mesma parede vezes demais e jogarmos a toalha só para continuar nossa busca pela Pessoa Certa. Ou nos cansamos dos nossos padrões, arregaçamos as mangas e começamos a trabalhar para quebrar o ciclo, nos tornar nossa própria fonte de energia e incorporar uma nova maneira de criar um relacionamento juntos.

Todo casal passa por quase todos esses estágios diversas vezes em seu ciclo de relacionamento. Somos programados para sempre querer a fase de lua de mel (estação primavera). Sentimos prazer no novo, desabrochando com energia fresca, paixão e mistério. Não nos ensinam que os relacionamentos de longo prazo têm fases e ciclos, assim como todos os outros seres vivos no planeta. Então, quando o outono e o inverno chegam, nos sentimos derrotados, perdidos e confusos. Para onde o amor foi? Por que a paixão desapareceu? Acho que nosso amor acabou. Mas um dos erros vitais que cometemos é supor que a relação acaba quando as estações mudam em vez de aceitar a mudança e deixar ir o que precisa morrer para criar espaço para o nascimento de uma energia nova.

Os relacionamentos são feitos para se alterar, mudar, trocar de pele e se renovar. Precisamos aceitar que o outono e o inverno acabam chegando e que precisamos reunir os recursos e as ferramentas de comunicação para segurar as pontas quando isso acontecer. Com a mentalidade certa, atravessar os ciclos de parceria pode ser ainda mais gratificante do que a faísca de energia que sentimos no começo. A seguir falo das fases que quase todos os seres humanos que entram em uma parceria vão viver de uma forma ou de outra, exceto pela zona de não relacionamento, que é mais um padrão do que um estágio fixo de relação.

A fase de lua de mel, a disputa de poder, a zona do crepúsculo e a relação consciente não são lineares nem fixas. Podemos passar por apenas um ou todos esses estágios em uma relação, ou entrar e sair de diferentes estágios à medida que crescemos e encontramos novos desafios com um parceiro. O objetivo é aterrissar no território da relação consciente, que é para o que essa jornada preparou você.

Zona de não relacionamento

A zona de não relacionamento é parte de um padrão de relacionamento comum, mas, ao contrário dos outros estágios, nem todos passam por ele. Mulheres com quem trabalhei que afirmam estar nesse estágio sentem que nunca conseguem avançar o bastante para entrar em uma relação. Formas de isso acontecer incluem ficar na *friend zone*, sair com várias pessoas sem nunca encontrar alguém que as excite ou desperte conexão íntima, conhecer aquelas que parecem ser a Pessoa Certa mas logo descobrir que há uma incongruência fundamental ou encontrar grandes sinais vermelhos. Isso também pode estar presente na dificuldade de sentir o que quer que seja ao conhecer pessoas. Ter pouco interesse pelos outros e sempre encontrar algo "errado" no outro é uma experiência comum entre pessoas que se veem presas na zona de não relacionamento. Acabar com esse ciclo exige disposição para voltar ao próprio corpo e redirecionar o foco para a sensação de segurança, possibilitando que o coração se suavize e se abra de maneira autêntica.

Fase de lua de mel

A fase de lua de mel é um período maravilhoso e emocionante. Estamos conhecendo uma pessoa pela primeira vez e é comum darmos e recebermos mais energia, atenção e elogios enquanto a oxitocina flui com força total. E, embora seja bem divertido estar na fase de lua de mel, ela apresenta alguns sinais de perigo ao longo do caminho.

Na fase de lua de mel, começamos já idealizando o nosso parceiro. Nada que ele diga ou faça nos incomoda. Ficamos tão envolvidos no entusiasmo de conhecer essa pessoa nova que ignoramos sinais vermelhos, deixamos de ver incongruências pequenas (ou não tão pequenas assim) ou desconsideramos nosso sistema de orientação em prol da química que sentimos. Mais adiante, ao nos aproximarmos mais, nosso ego pode reagir a nossas feridas fundamentais e começamos a destrinchar a outra pessoa, dramatizar ou cair em velhos mecanismos de enfrentamento, como correr atrás de maneira ansiosa, evitar ou provocar conflito. A fase de lua de mel é a fase mais apaixonada e "romântica", embora costume ser uma experiência menos centrada, em que grande parte da nossa fantasia é projetada e a imaginação está no comando. Ao longo deste livro, você aprendeu diferentes ferramentas e práticas para manter a conexão com o seu corpo, observar sua mente e ter clareza mesmo quando a energia estiver a mil. Não é que você não possa aproveitar essa fase, mas pode fazer isso ao mesmo tempo que cuida de si e se mantém fiel a seus valores.

Disputa de poder

Nessa fase, começamos a nos aprofundar na relação com a outra pessoa. É então que as substâncias químicas felizes começam a diminuir e a realidade do dia a dia se instala. Agora que não estamos mais dominados por nossos impulsos hormonais ou físicos, podemos ver o parceiro de maneira diferente de como o víamos a princípio. Nesse processo, nossos egos podem se provocar e, com frequência, as feridas mais profundas são ativadas pelo medo da proximidade.

Quase todas as pessoas têm alguma forma de trabalho de autoestima a fazer, e certos indivíduos com traumas de infância mais profundos, perda de um parente ou feridas de abandono costumam acreditar que, em algum nível, são defeituosos ou não merecem receber amor. A reação do ego a esses medos pode ser afastar o amor de maneira inconsciente. Nessa fase de disputa de poder, os parceiros reagem a partir dos próprios medos e feridas em vez de estarem de coração uns com os outros. Para sair dessa fase, as duas pessoas precisam se comprometer com o trabalho interior e assumir responsabilidade pessoal pela própria cura.

A *zona do crepúsculo*

Na zona do crepúsculo, o relacionamento está começando a perder a energia. Isso acontece quando continuamos juntos mas paramos de nos dedicar. Nesse estágio, é comum nos sentirmos entediados, complacentes ou ressentidos. Os casais ou terminam ou se contentam com o marasmo até algo agitar as coisas — pode ser uma traição, um despertar espiritual, uma crise ou simplesmente uma das pessoas dizer "chega". Harville Hendrix e Helen LaKelly Hunt se referem a esse estágio como "paralelo"; meu ex-professor P. T. Mistlberger o chamava de "zona morta".

Embora seja comum que relacionamentos duradouros tenham seus momentos de distanciamento, nem todos precisam entrar na zona do crepúsculo se praticarem estar abertos uns aos outros e cuidarem da relação. Para os que estão nesse ponto, é preciso vontade para mudar a energia dos dois lados a fim de levar a relação além desse estágio. A maioria dos casais precisa priorizar o prazer e a diversão para injetar vida na parceria outra vez. Eles também precisam superar os ressentimentos e se comprometer com a honestidade radical para que a energia possa fluir livremente de novo. Se um casal consegue fazer isso, transcende a zona do crepúsculo e cria uma relação consciente.

Relação consciente: A rede de energia

Quando entramos em uma relação consciente, nossa parceria também é uma amizade mutuamente recíproca, com duas pessoas que geram sua própria energia e compartilham um compromisso com a verdade e a evolução da alma. À medida que evoluímos para esse estágio, a maturidade se fortalece entre os parceiros. O relacionamento deixa de ser uma fonte de validação ou aprovação para se tornar um complemento de seres humanos já funcionais, inteiros e discernentes. Na relação consciente, a parceria não é uma muleta nem um lugar onde se esconder; é esclarecedora e expansiva, um espaço para crescer e prosperar.

Sessão de escrita: Olhar para trás

Reflita sobre os exercícios do capítulo 9, "Transforme seus padrões de relacionamento", e compare suas constatações com os estágios de relacionamento. Quais estágios você mais reconhece em relações do passado? Você já teve a experiência de viver uma relação consciente? Se sim, o que você e seu parceiro estavam fazendo de diferente?

SEJA O TIPO DE PESSOA QUE VOCÊ GOSTARIA DE NAMORAR

Trabalhei com um mentor que tinha a seguinte pergunta escrita no quadro branco gigante na frente da sala: "Você namoraria com você?". Antes dos risinhos e engasgos, todos ficamos desconfortáveis na cadeira sem saber a resposta. É aí que entra o trabalho de autoconsciência e responsabilização.

Quando somos radicalmente honestos conosco, conseguimos ver que algumas das formas como agimos em relacionamentos não estão a serviço do nosso bem maior. A origem latina da palavra "radical" é "raiz". Isso nos lembra que a verdadeira honestidade deve ultrapassar culpa externa e atingir o centro da nossa própria experiência. Para ser radicalmente honestos, precisamos também ser radicalmente responsáveis. É preciso coragem e maturidade para estar conscientes do sabotador interno que nos atrapalha, e isso nos dá a clareza de que precisamos para nos tornarmos uma versão mais segura de nós mesmos.

Claro, não seria bom namorar uma pessoa que fosse exatamente como você. Seria entediante e é provável que houvesse pouco aprendizado para os dois. É por isso que atraímos parceiros e amigos com qualidades que nos complementam ou são até nossos opostos. Eles nos convidam a vivenciar uma forma de estar no mundo que é um pouco (ou completamente) diferente de como faríamos as coisas naturalmente. Isso é ótimo! Abre espaço para nos expandirmos, aprender e crescer.

Contudo, ser o tipo de pessoa que você quer namorar não é tão literal. É mais uma questão de energia e incorporação.

Todos sabemos como é estar perto de alguém que vive o tempo todo infeliz, fechado para a vida e com padrões e hábitos negativos ou preconceituosos. Alguns de nós crescem com familiares que nos magoaram desde sempre, fosse por tomarem más decisões de estilo de vida ou negligenciarem o próprio autocuidado, e sentimos o impacto disso. Também sabemos como é estar perto de uma pessoa comprometida com o próprio despertar e a serviço do mundo, alguém que cuida genuinamente dos outros e entende o valor deles. Sabemos a diferença entre um coração fechado e um aberto, sensível. Seja o tipo de pessoa com quem você gostaria de namorar incorporando as qualidades que busca nos outros.

PRATICANDO ENCONTROS CONSCIENTES

Sair com pessoas de forma consciente significa trazer presença, honestidade e mente aberta a toda interação nova. É uma forma de diminuir a velocidade por tempo suficiente para conhecer outra pessoa de maneira mais profunda e *qualificar* um ao outro antes de mergulhar em uma parceria. Para um tipo oceano que se identifica como ansioso, isso pode ser angustiante. Entramos às pressas em relacionamentos para garantir o compromisso querendo nos livrar da nossa ansiedade. Para alguém do tipo vento ou com tendências evitativas, vai ser assustador de um modo diferente — porque exige encarar a conexão em vez de buscar conforto no distanciamento. Você também vai descobrir que, à medida que integra alguma dessas práticas, começa naturalmente a se apresentar como um tipo elemental diferente e ter toda uma nova lição em que trabalhar. Celebre isso se e quando acontecer.

Sair com pessoas de forma consciente é

- Ser autêntico.
- Ouvir seu corpo.
- Aceitar que ser fiel a si mesmo pode significar ouvir "não" com mais frequência.
- Parar para conhecer alguém em um nível profundo.

- Fazer perguntas importantes e ter curiosidade sobre a outra pessoa.
- Ter encontros que reflitam sua personalidade e quem você é.
- Ver como é a sensação de simplesmente "estar" com essa pessoa — dar uma volta, tomar um chá ou sentar e conversar.
- Praticar limites.

Qualificando o relacionamento: perguntas a se fazer

- Gosto de como essa pessoa fala comigo e com os outros?
- Sei quem é essa pessoa, qual é o seu passado e quais são seus valores fundamentais em relação a amor e intimidade?
- Essa pessoa é alguém com quem eu poderia ter uma amizade próxima ou é apenas atração sexual?
- Quero algo dessa pessoa que pode estar vindo de um lugar inconsciente?
- Sinto que preciso que ela me fale que sou bom o suficiente, que reafirme que tenho valor ou me valide de alguma forma?
- Sinto relaxamento no corpo e segurança para me expressar com essa pessoa?
- Consigo me divertir, rir e brincar com essa pessoa? Temos uma conexão expansiva?

Apaixonar-se

Primeiro nos conhecemos.

Nossos olhos se encontram, corações se aceleram e endorfinas fluem.

De longe, você é tudo que eu sempre quis mas nunca consegui encontrar.

Será que é você a Pessoa Certa?

Talvez você seja a pessoa com quem todos os meus padrões e muralhas vão desaparecer.

Talvez você seja o amor ausente da minha mãe e a presença devocional do meu pai.

A meus olhos, você é Deus.

Vejo perfeição. Vejo tudo que quero ver.

Mas, espere, quando você chega mais perto... tem mais.

O que é isso que sinto; medos antigos e padrões familiares voltando à tona?

Quem é esse?

O "eu por trás da máscara" que pensei ter desaparecido enquanto eu exibia o melhor de mim e nós dois nos deleitávamos sob o brilho do novo amor.

E quem é você, se não a pessoa que eu queria que fosse?

Não importa aonde vamos, nossos padrões vão nos seguir.

Não importa quem conheçamos, não temos como fugir do nosso trabalho de cura.

Não se apresse; o amor maduro leva tempo.

A ferida busca segurança e encontra falsa proteção ao avançar rapidamente, mas a consciência plena no amor exige paciência.

Aja não só com a cabeça ou com o coração, mas com os dois juntos em uníssono.

Doe com amor-próprio e sempre reserve um pouco para você.

Se doar trouxer ressentimento ou falta, guarde para você.

Só entregue o que tiver em abundância.

O amor maduro não exige performance.

Deixe que o novo amor seja uma dança de exploração, descoberta e possibilidade.

Esteja disposto a deixá-lo partir também, porque às vezes essa é a melhor coisa a fazer, e ninguém precisa ser prejudicado por isso.

Você é inteiro e completo sozinho.

Ame-se em primeiro lugar.

O amor está à sua volta.

CUIDE DOS SEUS RELACIONAMENTOS

Quando você planta uma semente, é necessário regá-la todos os dias. No começo, a semente precisa de mais atenção e cuidado para brotar. Sem isso, pode ser que nunca sequer brote. Quando a muda começa a despontar e crescer mais forte, já é possível regar um pouco menos, mas você ainda precisa limpar as ervas daninhas ao redor dela, continuar regando e, em algum momento, ela vai dar frutos. O cuidado vem diretamente da quantidade de energia que você dedica para garantir que a planta cresça saudável, cheia de vida e rica em nutrientes — além dos fatores ambientais como luz do sol, qualidade do solo e padrões climáticos. Se você negligenciar a planta por muito tempo ou ela ficar em um ambiente inóspito, ela vai parar de se desenvolver e morrer. É assim que funciona com a maioria das coisas que cultivamos, e isso também vale para os nossos relacionamentos.

Precisamos cuidar das nossas relações para que elas continuem a nos nutrir. Tenha em mente que, quando você semeia um jardim, algumas sementes nunca vão brotar — e essa é a vida. Nem todos os relacionamentos são feitos para ir até o fim; alguns fracassos e términos devem ser esperados e compreendidos. Cada pessoa que entra na sua vida tem um ensinamento para você, não importa se a relação é curta ou longa — essa é a prática do relacionamento consciente.

A narrativa cultural nos diz que relacionamentos são algo que você sai para procurar. Nossos parceiros existem para nos deixar bem, nos tornar completos. Mas quase nunca vemos uma relação pelo que ela realmente é: algo sagrado que carrega uma energia e uma frequência próprias. Cuidar dos nossos relacionamentos é fácil no começo, mas quando ficamos confortáveis acabamos nos esquecendo de continuar dedicando energia. E é então que a relação fica estagnada, perdemos a química, a disputa de poder se conflagra ou começamos a nos perguntar se o amor acabou. *A verdade é que, se você quiser que os seus relacionamentos lhe deem energia, você precisa dar energia aos seus relacionamentos.*

Uma parceria consciente é

- Um novo compromisso diário de se mostrar com o coração aberto.
- Comprometer-se com a autoconsciência e a responsabilidade pessoal.
- Empenhar-se em curar as feridas do passado.
- Cometer erros e dizer a coisa errada às vezes.
- Reagir com base em uma velha ferida e praticar a compaixão.
- Reconhecer quando projetamos nossos medos e julgamentos.
- Estar disposto a pedir desculpas.
- Aprender a agir de maneira mais autoconsciente em conflitos.
- Praticar aceitação e perdão.

Pontos para lembrar

- Uma relação aspirador tira tudo e não dá nada, e nela vemos o outro como nossa fonte de energia e validação.

- Uma relação rede de energia é construída com base em reciprocidade e ancora você em propósito, serviço e amor.

- Isso também vale para amizades e comunicações comunitárias: podemos praticar o relacionamento consciente não apenas no contexto romântico.

- Uma relação consciente exige um compromisso constante com a honestidade, a responsabilidade pessoal e a consciência interna.

- Todos os relacionamentos têm ciclos e estações. Podemos aprender muito nos períodos sombrios e sair mais fortes.

- Ser a sua Pessoa Certa tem a ver com se apropriar do seu poder, incorporar esplendor e honrar sua verdade.

Tenha coragem suficiente...

Para partir quando for a hora

Pedir desculpas

Dizer eu te amo

Dar adeus

Amar de novo.

Ter coragem suficiente...

Para ficar só

Confiar em você

Ouvir aquela vozinha

Você sabe que a pessoa certa

Não vai a lugar algum.

Ter coragem suficiente...

Para honrar a vida como só sua

Incorporar o seu poder

E se apropriar do seu medo.

Não espere a poeira assentar

Nem se resigne a "como as coisas são"

Se quiser mais...

Acorde e pegue!

Criatura selvagem, encontre suas asas.

Pelos seus e por todos os outros que não conseguem

Pelo bem da sua vida

Sua chama e tudo que você pode ser

Tenha coragem suficiente

Para Alçar Voo.

16. Seu caminho para o amor autêntico

Se seu sonho é viver na natureza em uma casa simples, cultivar seu alimento, ter uma família e levar uma vida tranquila, você é suficiente. Se seu sonho for viajar e viver de maneira pouco convencional, você é suficiente. Se você está em busca de espiritualidade e deseja estudar e mergulhar nas profundezas do que as esferas intermediárias têm a oferecer, você é suficiente.

Quando escolhemos viver em alinhamento com nossos sonhos e valores, passamos a entender nosso valor no fundo da nossa alma. Uma pessoa que se apropria da sua voz é imbatível e inspiradora porque, na nossa sociedade, o mais comum é varrer os desejos para debaixo do tapete, nos pôr em último lugar e nos contentar com o que nos foi dado. Você não é uma dessas pessoas.

Ao contrário do que vemos na mídia, para sermos confiantes em nós mesmos e em nossos sonhos não é necessário ser espalhafatoso nem jogar nada na cara dos outros. Existe também uma confiança tranquila, um conhecimento interno de que você merece ter a vida que quer, um conhecimento tão profundo e conectado com o Espírito que você não precisa da aprovação nem da permissão de ninguém.

O mais bonito é que entrar nessa relação poderosa conosco convida outras pessoas a fazer o mesmo. À medida que não vivemos mais a partir dos julgamentos e expectativas dos outros, abrimos caminho em nossas vidas e em nossos relacionamentos para refletirmos nossos eus autênticos em vez de nossas feridas. Nossa vida se torna um reflexo do nosso próprio trabalho interior.

CRIANDO SEU MAPA DO AMOR CONSCIENTE

Rose era uma psicoterapeuta de 67 anos que se matriculou em meu programa. Depois de estar divorciada por quase vinte anos, ela conheceu um homem que a enchia de presentes, planejava tudo e a fazia se sentir cuidada.

Depois de cinco meses, ela ficou devastada quando, do nada, ele desapareceu. Ela recolheu os pedaços do seu coração partido e os colou de volta ao longo do programa. "Eu tinha feito o trabalho de criança interior antes", ela disse, "mas nunca havia tido um diálogo de verdade com minha versão criança até agora. Fiquei surpresa que o que a garotinha dentro de mim mais queria era o pai." Foi por meio desses diálogos interiores que Rose se deu conta de que o que tornou aquele relacionamento de cinco meses tão importante para ela foi a sensação de ser cuidada como por um pai.

"Comecei a planejar encontros com minha criança interior e realmente dar ouvidos a ela", Rose disse. "Eu a levei para fazer compras um dia e disse: 'Vou deixar você escolher nossas sandálias novas', que eram obviamente cheias de brilho!" Ela sorriu e arrumou o cabelo grisalho atrás das orelhas enquanto compartilhava com o grupo: "Finalmente vejo que essa parte ferida precisava ser vista e cuidada por mim, não por um homem". Rose também desenhou com lápis de cor a sua criança interior e fez o seu mapa do amor consciente — um mapa ilustrado de suas expectativas, seus valores fundamentais e seus desejos para um relacionamento futuro. Eles se tornaram lembretes visuais para ser gentil e amorosa consigo mesma e se manter fiel a seus desejos.

Pouco depois que seu mapa do amor estava completo, ela conheceu um homem maravilhoso chamado Stan. "Conversamos sobre a necessidade de segurança e respeito das nossas crianças interiores", ela disse. Eles conversaram por horas com bastante intimidade e, no segundo encontro, Stan compartilhou que estava assustado por ter sentimentos por Rose. Ela respondeu que também se sentia assustada mas gostava muito dele. "Naquela noite, contei que tinha sofrido ghosting na minha última relação e pedi para ele por favor me falar diretamente se não estivesse pronto para um relacionamento." Dois dias depois, Stan ligou e disse que não queria continuar o relacionamento porque não estava pronto. Depois de trinta anos de casamento, ele estava sozinho havia apenas dois anos e precisava de mais tempo.

"Ele tinha muitas das qualidades do meu mapa do amor", disse Rose. "É um homem honesto que valoriza o crescimento pessoal e a segurança. Ele foi fiel a sua palavra, e fui forte o bastante para pedir o que queria e do que precisava. No fim da ligação de despedida, eu agradeci por tudo que havia aprendido. Stan me deu a oportunidade de praticar um relacionamento saudável. Embora breve, passei pela primeira relação consciente (na esfera romântica) dos meus 67 anos de vida e agora sei que estou pronta para um relacionamento de verdade", ela disse enquanto seus olhos verdes se enchiam de lágrimas de felicidade.

"Uso o meu mapa do amor consciente para me guiar nas minhas decisões minuto a minuto durante e entre encontros. Uso o mapa para ter clareza sobre o que quero e do que preciso em meus relacionamentos amorosos. Como qualquer caminho pouco percorrido, ter um mapa torna a jornada mais fácil!"

A história de Rose é um exemplo brilhante do que acontece quando nos dedicamos ao relacionamento com o nosso eu. Ela nos mostra que nunca é tarde demais para abrir o coração e que, mesmo se um relacionamento não durar para sempre, ainda assim podemos adquirir conhecimento e nos manter abertos para o futuro.

Um dos maiores aprendizados que escuto das pessoas com quem trabalho é como o processo de mapear o amor as ajudou a se manter firmes em seus limites e encerrar o ciclo de acomodação em seus relacionamentos. Serviu como um compasso, guiando-as para escolher o amor a partir do seu valor, não da sua ferida.

Agora é hora de você criar seu próprio mapa do amor consciente. Esse é um processo criativo feito para conectar você ao seu coração, sua essência e o que você realmente quer. Deixe que ele reflita a jornada que você atravessou ao longo deste livro. Um mapa do amor é feito para ser um lembrete físico das intenções que você definiu para sua vida e suas relações futuras.

Passo 1: Visualize o amor que você quer

Escolha um momento em que estiver se sentindo calmo e centrado para responder às perguntas a seguir. Acenda uma vela, prepare um chá, ponha uma música e deixe fluir. Se não tiver certeza sobre alguma resposta, permita-se um tempo para pensar e refletir sobre os valores fundamentais que descobriu no capítulo 14.

- Qual é a sua visão de um relacionamento gratificante? O que lhe proporcionaria sentimentos de contentamento, tranquilidade, conexão e intimidade?
- Se você não tivesse medo de realmente ter o que deseja no amor, o que desejaria? (Não se reprima; imagine que você pode ter exatamente o que quer.)
- Que tipo de pessoa você quer atrair como parceiro? (Descreva o maior número de características que vêm à mente sem limitação.)
- Quem você quer ser no seu relacionamento? Como quer se sentir, como quer agir, como seu parceiro sente você?
- O que você está disposto a fazer para cocriar uma relação saudável e gratificante? De que maneiras você vai contribuir para um relacionamento consciente?
- Você se compromete a estar lá quando as coisas ficarem difíceis, quando surgirem conflitos ou quando velhas feridas se ativarem? (Reflita bem sobre como você enfrenta conflitos, que atitudes toma e como vai se apoiar e apoiar sua relação durante as tribulações da vida.)
- Como você quer amar? Como é amar alguém para você?
- Como você quer definir seus limites? (Descreva em detalhes como e quando vai comunicar seus limites.)
- Você vai se guiar pelo amor ou pelo medo? Como é ser guiado pelo amor e como é ser guiado pelo medo?
- Se o parceiro dos seus sonhos aparecesse na sua frente, como você saberia? (Tente fechar os olhos e imaginar isso acontecendo. Quais são as sensações no seu corpo?)

Quando terminar de escrever, releia as respostas para si mesmo. Sinta-se à vontade para assumir que você sabe quem é e o que quer.

Passo 2: Descreva um dia na sua vida

Este passo consiste em escrever como você quer que o relacionamento dos seus sonhos e sua vida sejam. O Passo 1 preparou você para isso. Escreva no tempo presente, como se já estivesse vivendo isso e tivesse tudo que quer agora. Abuse da imaginação e dos detalhes; descreva seu futuro como se fosse uma história. Como seria um dia nessa vida futura? Essa carta pode ser dobrada e guardada em algum lugar seguro apenas para você ou colocada no seu altar.

Passo 3: Faça o seu mapa visual do amor

Depois de tudo o que descobriu nesse processo, você está pronto para criar uma imagem visual dos desejos mais verdadeiros do seu coração. Ao realizar esse passo final, transforme-o num ritual — algo de que seu corpo todo possa participar, não apenas sua mente. Vi muitos mapas do amor criativos de pessoas de todo o mundo. Você pode fazer o seu da maneira que quiser. Para ver uma galeria de mapas do amor completos, visite <sheleanaaiyana.com>.

Seu mapa do amor não é apenas sobre o seu relacionamento dos sonhos; ele também representa sua relação consigo mesmo e com o mundo ao seu redor. Algumas pessoas escolhem fazer um mapa concentrado sobretudo na parceria romântica, e não há nada de ruim nisso. No entanto, se quiser escolher um tema diferente, fique à vontade também. Esse processo tem a intenção de tirar você do seu cérebro guiado pela lógica e adentrar o lado emocional e imaginativo. Você pode emoldurar o seu mapa do amor como muitos membros dos meus programas fizeram e pendurá-lo no quarto, na geladeira ou colocá-lo no seu altar.

O mapa do amor é um processo que desenvolvi quando passei pelo meu divórcio, tantos anos atrás. Usei esse exato processo para me preparar para a minha parceria com Ben. Seu mapa do amor servirá de inspiração e encorajamento enquanto você desenvolve uma nova forma de estar no mundo.

Ao criar o seu mapa do amor consciente, consulte os passos 1 e 2 e tudo que aprendeu ao longo do caminho. Pense em:

- Como você quer agir.

- Como quer que seu parceiro aja.

- Quais valores fundamentais você descobriu.

- O que mais deseja no relacionamento.

- A energia que quer dar e receber.

- O tema geral que pretende dar à vida.

Exemplos de mapas do amor

Mapa do amor de Stephanie

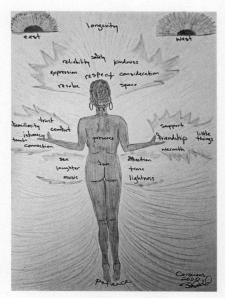

Mapa do amor de Bronwen

VOCÊ É A PESSOA CERTA

É uma grande honra para mim que você tenha percorrido essa jornada. Espero que celebre sua devoção ao trabalho interior e tudo que descobriu, curou ou transformou ao longo do processo. Me sinto infinitamente inspirada por todas as pessoas que se comprometem a romper padrões dolorosos e viver de acordo com o seu coração.

O trabalho que você faz para curar o seu coração tem um impacto em tudo e todos ao seu redor. Mais do que nunca, agora é hora de nos conectarmos com o que verdadeiramente importa para que possamos criar um mundo mais seguro, compassivo e amoroso para as gerações futuras.

Como você já sabe a essa altura, de tempos em tempos pode ser que você ainda se atraia por pessoas que não estão alinhadas do ponto de vista espiritual, emocional ou de alguma forma, mas, com as ferramentas que adquiriu aqui, você agora tem o poder de definir um limite e se escolher nesses momentos.

Ao voltar às práticas somáticas e visualizações deste livro sempre que necessário, você vai descobrir que se sente mais e mais à vontade consigo mesmo. Nunca sabemos o que o futuro guarda para nós, mas uma coisa é certa: a vida não está acontecendo na sala de espera. Está acontecendo agora, neste momento.

CELEBRE O SEU CAMINHO

A vida é uma cocriação entre você e o Espírito. Não cabe apenas a você traçar sua trajetória de vida. Na sociedade ocidental e em muitos lugares do mundo, um tipo de relacionamento é valorizado mais do que os outros — o casamento monogâmico fiel que dura para sempre. No entanto, essa é apenas uma forma de relacionamento romântico, e nem todos estão destinados a viver esse modelo exato. Existem muitas formas de a energia ser expressa através de nós. À medida que você segue pelo mundo, abra espaço para o mistério. Seu caminho não precisa ser casamento e família para ser um percurso espiritual válido. Nem todos estão aqui para viver o modelo tradicional de relacionamento nesta vida. Alguns de nós estão aqui para aprender com um casamento; outros crescerão ao tornar-se pais; há quem vá se descobrir em um relacionamento não tradicional; ou serão praticantes tântricos ou solteiros e praticarão o relacionamento consciente por meio da amizade. Alguns de nós vão escolher abraçar todos esses caminhos únicos em estágios diferentes da vida. Se você achar que uma parceria romântica não está surgindo apesar da sua vontade, você pode ficar tentado a achar que algo está errado ou que há mais trabalho a fazer. Esteja atento para não se limitar, pois todas as trajetórias de vida são válidas.

Tudo que podemos fazer é nos entregar ao amor em todas as suas formas — pela natureza, pela amizade e pela conexão com a comunidade. E, se iniciar uma parceria, deixe que a lembrança de que você é a Pessoa Certa seja a energia a guiá-lo.

Agradecimentos

Gratidão e amor imensos ao meu marido, Benjamin, pelo apoio e incentivo sem fim. Eu me senti muito apoiada durante todo o processo e realmente acho que não conseguiria ter feito isso sem você. Obrigada por celebrar comigo com tanta devoção e cuidar de todas as outras coisas da vida durante o processo de escrita. Nosso relacionamento me ensinou muito sobre o amor.

A Eva, minha editora, a quem devo um mundo de reconhecimento. Seus talentos estão por todo este livro. Um grande obrigada pelo apoio emocional e pelas montanhas de energia, estrutura e atenção que você dedicou a este projeto. Foi uma iniciação poderosa para nós duas. Um agradecimento à equipe da Chronicle, Cecilia Santini, Tera Killip, Beth Weber, Pamela Geismar e Michelle Triant, e a minha agente, Johanna, da Writers House, por seus esforços nos bastidores para dar vida a este livro.

A Andy, por trazer energia solar à Rising Woman e nos apoiar. A Andrea, minha querida amiga e coo da Rising Woman, e ao resto da minha leal equipe, Alissa, Tatiana, Georgianna e Juno: vocês mantiveram a empresa em ordem e possibilitaram que isso acontecesse. Chel, seu amor aos detalhes foi minha salvação, e foi muito divertido trabalhar com você. Obrigada por todas as manhãs e noites dedicadas a este projeto. A todos os meus leitores e membros do programa Becoming the One que gentilmente cederam suas histórias para compartilhar neste livro e tiveram a coragem de incorporar esses ensinamentos em suas vidas — fica meu reconhecimento a vocês. Um salve aos assistentes sociais e pais adotivos do meu passado — em particular Janine, Lisa e Alayne. Foram vocês que me acolheram naqueles tempos sombrios, e serei eternamente grata pelo amor e devoção para me manter em segurança.

À minha mãe, que apoiou este projeto, obrigada por me dar esta vida. Nossa jornada juntas me impulsionou a estar no trabalho mais gratificante possível, e eu não mudaria nada.

Uma reverência profunda a meus professores, mentores e guias do passado e do presente: P. T. Mistlberger, Nikiah Seeds, Mark Wolynn, Harville Hendrix, Helen LaKelly Hunt e dra. Diane Poole Heller — minha gratidão sincera pelo trabalho que vocês fazem no mundo e por toda a sabedoria que compartilham. Uma menção honrosa precisa ser feita a Nessi Gomes e Danit — sua música foi minha trilha sonora enquanto eu escrevia este livro. Obrigada por proporcionar a música que me fez entrar em comunhão com o Espírito e me conectar com a Fonte por meio da sua arte. A todos os meus amigos e familiares que estavam sempre perguntando como iam as coisas e me mandaram palavras de incentivo enquanto eu desaparecia por um ano: seu amor foi recebido. Em devoção a meus ancestrais e meus guias. Obrigada por me levarem adiante e sussurrarem seus ensinamentos no meu ouvido.

Leituras recomendadas

Braiding Sweetgrass, de Robin Wall Kimmerer.

O corpo guarda as marcas, de Bessel Van Der Kolk.

The Dance of Anger, de Harriet Lerner.

Filhos adultos de pais emocionalmente imaturos, de Lindsay C. Gibson.

Getting the Love You Want, de Harville Hendrix e Helen LaKelly Hunt.

It Didn't Start with You, de Mark Wolynn.

The Journey from Abandonment to Healing, de Susan Anderson.

Mulheres que correm com os lobos, de Clarissa Pinkola Estés.

Pais ocupados, filhos distantes, de Gabor Maté e Gordon Neufeld.

The Power of Attachment, de Diane Poole Heller.

The Sexual Healing Journey, de Wendy Maltz.

TIPOGRAFIA Adriane por Marconi Lima
DIAGRAMAÇÃO Osmane Garcia Filho
PAPEL Pólen Natural, Suzano S.A.
IMPRESSÃO Gráfica Bartira, março de 2023

A marca FSC® é a garantia de que a madeira utilizada na fabricação do papel deste livro provém de florestas que foram gerenciadas de maneira ambientalmente correta, socialmente justa e economicamente viável, além de outras fontes de origem controlada.